글누림 문화콘텐츠 총서 4

지역문화 마케팅을 위한
이벤트 감리론

저자 소개

정경훈 호서대학교 벤처전문대학원 벤처경영학과 문화산업 전공 교수,
　　　　호서대학교 교수학습센터 센터장

글누림 문화콘텐츠 총서 4
지역문화 마케팅을 위한 이벤트 감리론

초판 인쇄 2005년 12월 16일
초판 발행 2005년 12월 24일
지은이 정경훈
펴낸이 최종숙
편집 이은희 · 변나영
펴낸곳 도서출판 글누림
주소 서울 성동구 성수2가 3동 301-80
전화 3409-2055
팩시밀리 3409-2059
등록 2005년 10월 5일 제303-2005-000038호
전자우편 nurim3888@hanmail.net
값 14,500원
ISBN 89-957345-3-1-03380

글누림 문화콘텐츠 총서 4

지역문화 마케팅을 위한
이벤트 감리론

정경훈 저

글누림

문화콘텐츠 총서 발간에 부쳐

호서대학교 교수님들이 주축이 된 글누림 문화콘텐츠 총서의 발간을 축하합니다. 지금 우리가 살고 있는 21세기는 지식기반 사회로 들어서고 있는 바, 이러한 문화의 세기에 대학 교육도 초국적, 초학제, 초캠퍼스라는 새로운 환경에 적응해야 합니다. 이런 시대정신의 흐름에서 가장 필요한 것이 창의적인 도전정신입니다.

이번에 발간되는 문화콘텐츠 총서는 그러한 도전정신을 가지고 우리 대학의 연구자들이 이룩한 연구 업적입니다. 금번 1차 문화콘텐츠 총서에 이어 신개척의 문화 영역에서 창의적이고 도전적인 업적들을 담은 우리의 총서는 지속적으로 간행될 것입니다.

그간 우리 대학은 벤처정신을 극대화하고 특성화함으로써 비약적인 발전을 이룩해 왔으며, 하나님을 공경하고 사회와 인류에 기여하는 참사람을 길러내는 데 최선을 다해 왔습니다. 이번 총서도 바로 이 인재 양성의 목표를 위해 노력한 그간의 창조적이고 도전적인 젊은 벤처정신이 일구어낸 결실인 것입니다.

빛과 소금이 되라는 성경 말씀을 실천에 옮긴 문화콘텐츠 총서 기획단 및 집필자 여러분의 노고에 다시 한번 격려의 말씀을 드리는 바입니다.

호서대학교 총장 **강 일 구**

EDITOR'S NOTE

　2000년에 들어 '文化産業'이라는 이름으로 출발했던 것이 이제는 '문화콘텐츠'라는 이름으로 굳어져 다음 세대의 산업을 선도할 핵심 분야라는 평가를 듣고 있다. 문화산업이 아니라 문화콘텐츠산업이라고 그 명칭도 수정되어 지금은 문화콘텐츠산업을 진흥하기 위한 문화콘텐츠진흥원도 설립되었다. 또한 관련 학회도 활발히 활동하고 있다. 각각의 문화산업 분야의 학회는 말할 것도 없고 산업과는 거리가 멀 것 같은 人文 영역이 이젠 문화콘텐츠산업에 중추적 역할을 할 것이라는 사명감으로 인문콘텐츠학회도 만들었다.

　미국에 있는 학과 교수에게 문화콘텐츠를 영문으로 표기해야 할 일이 있었다. 한국문화콘텐츠진흥원의 영문 명칭을 참조해 'Culture and Content'라는 용어로써 표기했다. 잘 모르겠다는 눈치여서 우리가 생각하는 문화콘텐츠를 설명하니 그것은 문화산업이니 'Culture Industry'로 표기해야 하는 것이라고 했다. 영화나 게임 등 상업적 목적이 뚜렷한 것은 말할 것도 없고 한국문화원형사업이든, 韓流事業이든, 지역축제든 에듀테인먼트든 그 궁극적인 목적은 문화를 기반으로 한 산업화의 가능성이라는 것을 털어놓으라는 말이다. 사실 출발이 문화산업으로부터 출발했으니 그 문화산업의 내용을 문화콘텐츠라고 지시한다고 해서 산업적 속성이 사라지는 것은 아니다.

　문화산업이라고 하든, 문화콘텐츠산업이라고 하든 처음의 출발이 산업적 개념과 목적으로 시작된 것은 사실이다. 천박한 商魂은 모든 것을 상품화하기 마련이라고 나무라기 전에 가치를 인정받지 못하면 결국 존재적 의의마저도 상실될 수밖에 없는 가혹한 현실을 받아들여야 한다는 것이다. 지금의 상황이 인문학의 위기는 아니며, 인문학의 위기가 기초 학문의 위기는 더욱 아니며 학문의 위기는 더더욱 아니라고 한다. 오히려 탄탄한 기초 학문, 인문 학문이 문화산업의 가능성을 열어주니 학문으로서는 새로운 대응력을 갖는 것이라고 역설한다.

우리 대학은 산학 분야에서 단연 인정받고 있다. '벤처'를 학교의 모토로 삼은 것도 벤처 산업을 염두에 둔 것이 아니라 문자 그대로의 의미에서 '모험 정신'을 내세우기 위함이다. 이러한 의미에서의 모험 정신이 산학 분야에 집중되었다면 이제는 그 학술적 역량을 발휘할 때가 되었다. 이번 문화콘텐츠 총서의 정신은 바로 여기에 있다.

이 총서는 교양 있는 일반인을 위한 문화콘텐츠의 학술적 동향과 안내를 하는 것이 그 목적이다. 쉽고 간결한 문체를 선택하도록 했고 많은 그림과 도표로써 이해를 돕도록 했다. 모든 주석은 내용주로 처리하되 설명을 위한 최소한의 주석만 넣도록 했다. 단순 전거를 밝히는 주석은 참고문헌에서 몰밀어서 제시하도록 했다. 이러한 원칙을 정하고 모두 네 차례에 걸친 심포지엄을 열어 서로의 초안을 읽고 의견을 개진했다. 그러니 이 총서는 사실 개개의 집필자의 개성에 넘치는 저작이면서도 또한 공동 작업의 결과이기도 하다.

지금은 1차 총서이지만 향후 문화콘텐츠의 전 영역에 걸쳐 2, 3차 총서가 지속적으로 발간될 것이다. 이 작업이 문화콘텐츠라는 初有의 분야에 의미 있고 중요한 저술이 되길 희망한다.

호서대학교 한국어문화학부 국어국문학전공 김성룡

PROLOGUE

　문화산업은 순수예술, 전통문화, 인문학 등 문화예술적 토대 위에서 다양하게 발전되고 있다. 이러한 시점에 세계화 시대에서 문화예술을 바탕으로 한 문화산업은 국가의 문화 정체성과 문화국가 이미지를 형성하는 핵심적인 요소가 될 것이다. 경제발전에 따른 삶의 질 향상으로 문화적 욕구가 증대하고 주 5일 근무 확산에 따른 여가시대 확대로 문화관련 여가활동이 증대되는 등 문화산업 성장에 유리한 환경이 조성되고 있다. 또한 문화관광부에서는 콘텐츠(Contents), 창의성(Creativity), 문화(Culture)의 3C를 바탕으로, 차세대 성장동력인 문화·관광·레저스포츠산업을 전략적으로 육성하여 국민소득 3만 달러 시대를 이끌어 내고 지역불균형 및 사회 양극화를 해소하겠다고 밝혔다. 즉. 지금 우리 경제가 필요로 하는 것은 고부가가치를 창출하고 자본으로의 가치 전환이 필요한 창의성(Creativity)이며, 문화(Culture)는 창의성을 길러주는 인큐베이터로서 문화·관광·레저스포츠 분야의 다양한 콘텐츠(Contents)로 세계 시장에서 우위를 선점해 나갈 것이다.

　세계 문화산업 시장의 흐름을 보면, 급성장의 주축이 되는 일본, 영국, 미국, 미국, 캐나다 등의 선진국들의 움직임은 활발하게 진행되고 있다. 이러한 문화산업 마케팅의 중요성을 인식하고 문화콘텐츠산업을 한국경제를 이끌 대표적 산업으로 육성해야 함을 우리는 간과해서는 안 된다.

추상컨대 우리나라 이벤트 프로모션 시장의 규모는 1조 5천억 원이다.

단지 기업에서 상품판매 촉진을 목적으로 한 이벤트가 근래에는 전시회, 박람회, 월드컵, 올림픽, 국제회의와 같은 국제규모의 이벤트로 발전 되어왔다. 우리나라에서는 연평균 10000개 이상의 이벤트가 벌어지고 있을 뿐만 아니라 각 시·도·군에서는 1,500여 개의 지역축제가 벌어지고 있다.

이는 이벤트가 기업의 상품마케팅 뿐만 아니라 각 지역에서의 문화마케팅 수단인 지역축제(해당지자체, 광역단체, 공기관)의 범주로 확대되고 있다는 것이다. 이 처럼 지역(인간의 삶 자체)에서 일어나고 있는 이벤트들은 지역 경제를 활성화하기위해 지역클러스터 산업과 지역원형 사업을 육성하여 지방 경제의 발전을 도모하는 산업적 차원으로 확대되고 있다. 지금 진행 중인 축제들은 지역민들의 단합을 위한 지역축제, 문화축제, 청소년의 젊은 패기와 창의성을 추구하는 청소년 축제, 지역 도민 또는 구민을 상대로 한 체육대회 등 다양한 종류의 축제를 통합한 문화관광축제로 산업화하기 위해 변화 되고 있다. 축제의 목적과 의도를 살려 지역의 경제 활성을 위해서는 단순한 시민축제가 아니라 산업형 문화관광축제 형태인 HI SEOUL 페스티벌, 부산영화제, 대구 e-Sport 페스티벌과 같은 축제들이 탄생되어야 할 것이다.

그러므로 각 지역에서는 그 지역의 문화유산, 생활양식, 가치관, 예술적 감성 등 문화적 요소들을 창의적 기획과 기술을 통해 콘텐츠로 재구성 하여 고부가가치를 갖는 문화상품으로 유통시키는 작업이 필요하다. 지역의 관광수입을 통해 역사·문화자원 보존과 지속 가능한 개발을 가능하게 하여 지역별 전통 문화역사를 살린 특색 있는 관광자원을 발굴

하고 보존하는 것이 필요하다.

　이 책은 지역문화 마케팅을 쉽게 이해할 수 있도록 본인의 25년에 걸친 이벤트현장경험을 토대로 8대 원칙에 입각하여 UCLA자료, SBS아카데미, MBC아카데미 자료를 총망라하여 문화 행사의 평가를 위한 100개 inspection 항목을 정리해 보았다. 이벤트 기획과 연출, 현장의 소품구성까지 이벤트의 개최 준비과정에서 필요한 표준적인 업무내용을 분야별로 리스트화해서, 그것들에 대한 기초적인 해설을 추가한 책이다. 이벤트평가 항목에 대한 교재가 거의 없는 현실에서　외국사례가 아닌 구체적이고 실제적인 사례를 통해 현실에 바로 적용 시킬 수 있게 구성하여 현시장의 흐름을 함께 읽어 내려갈 수 있도록 구성하였다. 이는 이벤트를 입문하는 학부생 또는 대학원생뿐만 아니라 축제를 준비하기 위한 해당지자체의 공무원, 이벤트사, PR대행사, 광고대행사 기업의 상품기획팀, 브랜드마케팅팀 등의 기업의 문화마케팅을 위해 기획하는 담당 실무자를 위한 지침서가 되어 줄 것이다.

　마지막으로 이 저서가 나오기까지 나를 도와 같이 고생해준 김윤경, 홍선희, 최은정 연구원들에게 감사의 뜻을 전한다.

2005년 11월

정경훈

CONTENTS

CONTENTS

INSPECTION REPORT

1. 결과 개요

제목		예산	주행사		합계	
			부대행사			
기간		주관사				
장소		대행사				
주최		협력사				
주관		주요 외주사				
후원		정성적 판단	매우우수/우수/보통/불량/매우불량			
협찬		정량적 판단	매우우수/우수/보통/불량/매우불량			

2. 내용

구분	Code No	항목	제안	INSPECTION POINT			별첨 Page	결과소견 A/B/C
				정성	정량	합계		
제 1장 Planning (기획, 저작권, 배경)	1	CI(제목)						
	2	BI(브랜드)						
	3	Slogan						
	4	행사의의 · 목적						
	5	목표						
	6	시장조사 · 분석						
	7	기타						
		Total						

구분	Code No	항목	제안	INSPECTION POINT			별첨 Page	결과소견 A/B/C
				정성	정량	합계		
제2장 Merchan-dising (상품기획, 수익모델, 저작권판매, 행사구성)	1	탈거리						
	2	잠잘거리						
	3	먹거리						
	4	볼거리						
	5	놀거리						
	6	팔거리						
	7	느낄거리						
	8	기타						
제3장 Marketing (동원계획, PR계획)	1	광고						
	2	홍보						
	3	판촉						
	4	Cyber						
	5	Mobile · DMB						
	6	PR						
	7	기타						
		Total						
제4장 Organizing (조직, 후원, 협찬 외)	1	추진위구성						
	2	연출단구성						
	3	후원						
	4	금액협찬						
	5	물품협찬						
	6	인원협찬						
	7	대행사신뢰						
	8	기타						
		Total						
제5장 Directing (연출, 제작)	1	PD · AD						
	2	TD · 행정						
	3	출연진						
	4	사회자						
	5	도우미						

구분	Code No	항목	제안	INSPECTION POINT			별첨 Page	결고·소견 A/ɜ/C
				정성	정량	합계		
	6	Helper						
	7	아르바이트						
	8	주차장						
	9	환경장식물						
	10	부스						
	11	무대						
	12	트러스						
	13	안내대						
	14	무대장치						
	15	조명일반						
	16	조명특수						
	17	레이저						
	18	음향						
	19	음악						
제 6장 Directing (연출, 제작)	20	영상물						
	21	영상 System						
	22	영상중계						
	23	지미짚 외						
	24	특수효과						
	25	타상연화						
	26	불꽃놀이						
	27	특수소품						
	28	소품						
	29	의상						
	30	교육비						
	31	메뉴얼집						
	32	리허설						
	33	식음비						
	34	숙박비						
	35	교통비						
	36	통신비						

구분	Code No	항목	제안	INSPECTION POINT			별첨 Page	결과소견 A/B/C
				정성	정량	합계		
제7장 Directing (연출, 제작)	37	특수초청비						
	38	회식 · 접대비						
	39	보험료						
	40	특수공사비						
	41	발전차						
	42	중계차						
	43	의자						
	44	상금 · 상패 외						
	45	기타						
		Total						
제8장 Estimating (예산편성)	1	인건비						
	2	제작비						
	3	마케팅비						
	4	공과잡비						
	5	대행비						
	6	부가세 외						
	7	기타						
		Total						
제9장 Management (경영관리)	1	지원금관리						
	2	협찬 · 후원금유치						
	3	휘장권(BI)판매						
	4	지출관리능력						
	5	경영관리(수익)						
	6	진행능력						
	7	System응용능력						
	8	예술 · 연출능력						
	9	기타						
		Total						

구분	Code No	항목	제안	INSPECTION POINT			별첨 Page	결과소견 A/B/C
				정성	정량	합계		
제 10장 Risk Management (위기관리)	1	우천시 대응						
	2	소방 · 전기 · 기타						
	3	동원 · 동선관리						
	4	거리통제						
	5	보고 · 정산						
	6	국제 · 사업						
	7	목표 · 목적관리						
	8	기타						
		Total						
종합평가 S-Total								

제1장
Planning(기획, 저작권, 배경)

1. CI(제목)

CI는 전체 이미지 통합을 말한다. 행사의 이미지를 일관성 있게 통합·운영·관리하기 위한 전략적인 시각 커뮤니케이션이라고 할 수 있다. 여기에서 다루어지는 CI는 EI(event identity)로 구체적 표현을 하기도 한다.

CI는 네 가지의 목적을 가지고 만들어진다.

첫째, 행사의 목적과 의의를 표출한다.

CI는 행사를 열어주는 열쇠이다. 사람들은 CI를 통해서 행사의 전반적인 느낌과 이미지를 형상화 한다. 즉, 행사의 목적, 목표, 의의 더 나아가 그 속에 담겨진 철학과 앞으로의 가능성까지 나타낼 수 있다. 따라서 CI는 그런 모든 것들을 담을 수 있는 함축적인 열쇠가 되어야 한다.

둘째, 행사의 모든 이미지를 시각적으로 체계화한다.

행사에 사용되는 모든 BI물과 기획 상품 등에 CI를 도입함으로써 행사전체에 질서감과 통일감을 느낄 수 있게 한다. 또 CI의 노출로 인해서 관람객들에게 친근감과 편안함을 느끼도록 유도한다.

셋째, 구성원 간의 자긍심을 형성한다.

CI를 통한 체계화된 조직은 구성원 간의 신뢰도와 자긍심형성에 큰 영향을 준다. 자긍심이 형성된 구성원들을 통해 나타나는 이미지테마들은 일반 관객들에게 더욱 자연스럽게 나타낼 수 있다.

넷째, 합리적인 마케팅 경영을 형성한다.

CI의 대외적인 브랜드 가치를 높여 합리적인 경영을 이뤄내야 한다. CI 판매, 협찬사의 노출로 인한 마케팅전략으로 더 많은 이윤과 효과를 창출하게 된다.

(1) CI기본 시스템(Basic system)

❶ 심볼마크(Symbol mark)

심볼마크는 이념과 비전이 함축적으로 담겨져 있는 행사나 축제의 얼굴이라 할 수 있다.
모든 디자인 요소 중에 기준이 되는 것으로 이름이 아닌 심볼의 형태만으로도 알 수 있게
한다.

그림 1.1 서울올림픽 심볼마크

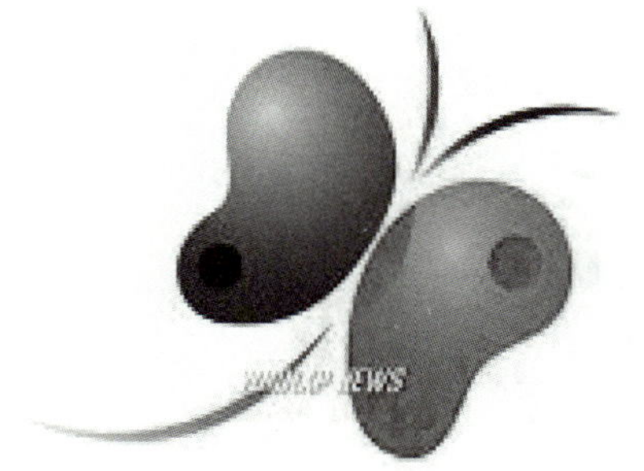

그림 1.2 함평 세계 나비곤충엑스포 심볼마크

② 로고타입(Logo type)

그림 1.3 2005년 MBC의 새로운 로고타입

MBC는 "새 CI의 모티브인 '빨간 네모'는 콘텐츠를 담을 수 있는 매개체로서의 모든 미디어를 상징적으로 표현한다"면서 "시청자와의 소통의 창과 재미, 감동, 정보를 담은 고품격 콘텐츠 상자를 동시에 의미한다"고 밝혔다.

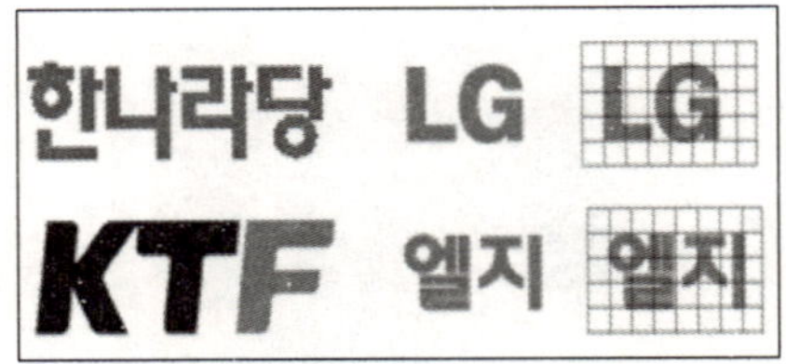

그림 1.4 여러 기업의 logo type

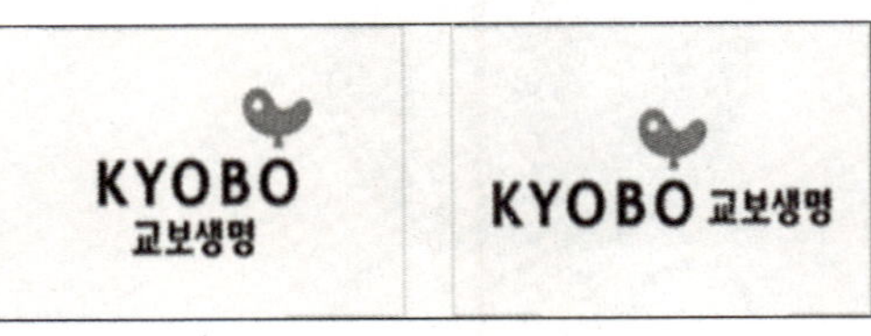

그림 1.5 워드마크 예(교보)

　로고타입은 행사나 축제의 정식 명칭을 시각화 한 것으로 독창적이고 잊혀지지 않는 형태의 디자인이어야 한다. 보통 영문 로고타입과 국문 로고타입의 두 종류로 디자인을 하게 되며 최근에는 심볼마크가 없는 로고타입으로만 디자인하는 경우도 많은데. 이를 워드 마크(Word mark)라고 한다. 필요에 따라 한문로고타입이 추가되기도 하는데 로고타입의 디자인에 있어서 가장 중요한 것은 '심볼과의 조화성', '가독성', '독창성' 등이다.

❸ 시그니쳐(Signature)

　시그니쳐는 심볼마크와 로고타입을 용도에 맞게 가장 합리적으로 조합한 형태로 상하조합, 좌우조합 등 수십 가지의 조합 형태가 만들어 질 수 있다. 이렇게 개발된 시그니쳐는 각종 매체에 다양하게 활용된다.

그림 1.6 여러 그룹의 시그니쳐 예시

그림 1.7 제28회 전국체육대회 시그니쳐

❹ 엠블렘(Emblem)

엠블렘은 심볼과 로고의 조합형이지만 심볼과 로고를 그대로 조합한 게 아니라 인장의 의미로 쓰인다고 볼 수 있다.

하얀 눈을 결정하는 결정체와 경사진 슬로프가 하나가 되어 맑고
깨끗한 정신이 깃든 2010 동계올림픽 유치 기원.
Be Prepare 2010 **KTF** SNOW MEGAPORT 2003을 상징.

그림 1.8 에블렘 예시

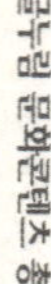

❺ 색상체계(Color)

그림 1.9 LG 색상체계

    이것은 이미지를 나타내는 전용색상을 체계적으로 확립하는 것으로서 심볼과 로고타입을 중심으로 많은 응용디자인에 적용된다. 색상은 규정에 의거하여 사용될 때 행사나 이벤트의 이미지가 흐트러짐 없이 일관되게 보여고 이미지를 컬러로 표현한 것으로 각종 컬러가 갖고 있는 의미를 행사나 이벤트의 이미지와 연결시켜 활용하는 것이다. 보통 하나에서 세 가지 색을 고유 컬러로 지정하고 심볼마크나 상품패키지, 사인, 유니폼 등 넓은 범위에 걸쳐 적용한다. 최근에는 상품 장르별, 사업 내용별로 몇 가지 색의 컬러시스템을 갖는 경우도 있다.

❻ 전용서체(Typographic)

<table>
<tr><td>

우리홈쇼핑

주식회사 우리홈쇼핑

(주)우리홈쇼핑

</td><td>

WOORi

WOORi HOME SHOPPING

WOORi HOME SHOPPING.CO.,LTD

</td></tr>
</table>

그림 1.10 전용서체 예

기업에서 사용되는 문건이나 양식에 들어가는 모든 서체를 동일화하는 작업으로 국문과
영문전용서체를 만들어 사용한다.

❼ 마스코트(Mascot)

마스코트는 홍보에 있어서 대리인으로 내세워 대중으로 하여금 좀 더 친숙하게 접근하여
기업의 인지도를 높이는 역할을 한다. 모든 행사와 이벤트 등에 다양한 방법으로 사용되며
일반적으로 캐릭터라고도 알려 있다.

제23회 충남전국장애인체육대회
마스코트 "곰두리와 귀도리"

88서울올림픽 마스코트
"호돌이"

세계도자기엑스포 마스코트
"토야"

문화관광부 마스코트
"색동이와 초롱이"

2008 함평나비 · 곤충엑스포
마스코트 "푸르미와 말그미"

2004 전국체육대회

그림 1.11 여러 마스코트 예시

❽ 현수막

현수막은 홍보방법 중 가장 보편화 되어 있는 매체물로 사람들의 통행이 잦은 육교나 건물 외벽 등에 부착하여 먼 거리에서도 인지가 가능하도록 디자인한다.

그림 1.12 2008 함평세계나비 · 곤충엑스포 현수막 예시

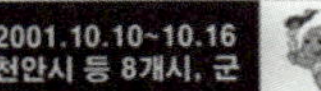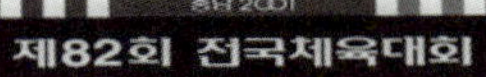

그림 1.13 제28회 전국체육대회 현수막

그림 1.14 대구 e-Sports 페스티벌 현수막 디자인

그림 1.15 업체용 현수막 디자인

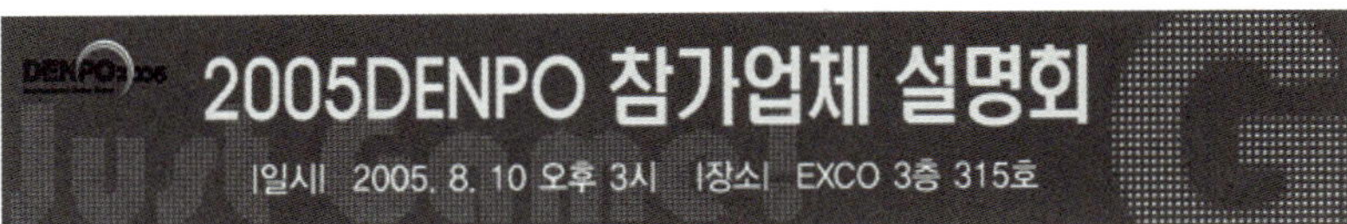

그림 1.16 참가업체 설명회용 현수막 디자인

⑨ 아치

아치는 육교가 없는 주요 도로나 경기장 입구에 설치하여 축제 분위기를 고조시키는 역할을 한다.

⑩ 환영탑

환영탑은 축제의 이미지를 대외적으로 표현하는 매우 중요한 상징물로서 기차역 광장, 버스터미널, 시청 앞, 교차로, 시내의 주요광장에 설치하여 축제 분위기를 고조시키는 역할을 한다.

⑪ 육교현판

육교현판은 기존 도로의 육교에 설치하여 축제 분위기를 조성하는 역할을 한다.

⓬ 애드벌룬

애드벌룬은 가시거리가 먼 관계로 대형으로 제작하여 엠블렘, 로고타입, 마스코트 등 단순
하고 간단하게 표현한다.

그림 1.17 2004 청주직지축제 애드벌룬

그림 1.18 제28회 전국체육대회 애드벌룬 예시

⓭ 행사장 안내사인

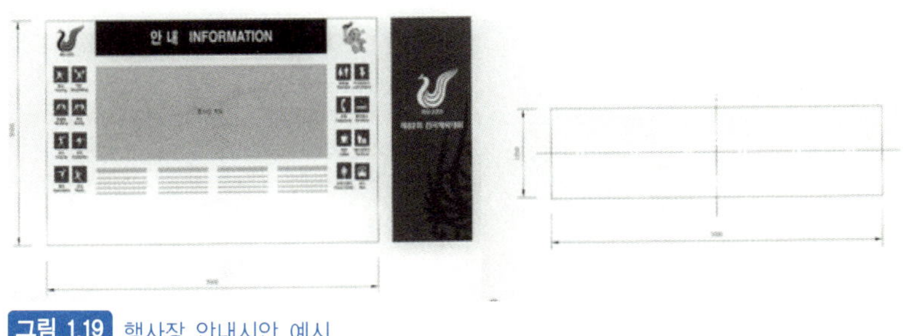

그림 1.19 행사장 안내시안 예시

그림 1.20 행사장 안내사인

각 행사장 입구에 설치하는 사인으로 행사의 이미지에 영향을 미치게 된다. 제작관리에 세심한 주의를 기울여 크기와 비례, 색상 등을 규정에 맞게 제작하여야 한다. 관람객 및 행사요원들이 쉽게 인지할 수 있도록 출입구 전면 내지는 후면에 설치한다.

⑭ 주차장 안내

주차장 안내 표지판은 관람객들의 차량을 유도하여 교통 혼잡이 없도록 하기 위하여 지정된 방향과 위치를 유도하는 목적을 가진다.

⑮ 배너

배너는 축제의 분위기를 한층 높여주는 역할을 한다.

그림 1.21 제82회 전국체육대회 배너

그림 1.22 군집 배너

그림 1.23 2004
청주직지축제 배너

⑯ 홍보 게시판

홍보게시판은 행사의 소식, 안내 및 유인물 등을 게시하는 것으로 사람의 통행이 빈번한 곳이나 눈에 잘 띄는 곳에 설치한다.

CI 프로그램의 시행 단계에서 가장 중요한 것은 '일관성'이다.

심볼(symbol)이나 로고타입 그 자체보다 그것의 체계적인 시행이 중요할 때도 있다. 좋은 CI를 일관성 없이 전개하는 것보다 좋지 않은 CI를 체계적으로 전개하는 것이 효과가 훨씬 크다. 각기 다른 서체나 레터헤드 레이아웃을 쓰고 컬러 적용에 일관성이 없으면 아무리 매력적인 심볼을 쓰더라도 대중에게 혼란스럽고 비조직적이라는 이미지를 줄 뿐이다 그리고 CI를 통서 행사를 주최하는 지역의 주민들에게 자부심을 심어줄 수 있는 차별화된 기획으로 만들어져야 신뢰감을 주고 인지도를 얻을 수 있다.

그림 1.24 대구 e-Sports Festival 배너

2. BI(브랜드)

 BI는 CI 개발 과정을 통해 지적재산권을 확보하고 다양한 상품기획을 통해 경제적 효율성을 확보할 수 있는 방안을 제시하는 매뉴얼화 하는 작업이 중요하다. 매뉴얼 북이라는 것은 개발된 BI 활용양식을 규정한 것으로 디자인물을 제작할 경우 반드시 매뉴얼 북에 지정된 사항을 따라야 한다. BI의 개발단계는 사전조사/분석 → 네이밍(Naming) → 각종 디자인 개발(심볼과 로고·엠블렘·마스코트·시그니쳐 등) → 한글 전용서체와 한글 지정서체 및 영문지정서체 결정 → 디자인 활용물 개발 등의 순서로 이루어진다.

 실제 BI 매뉴얼 작업이 어떠한 순서로 이루어지는지를 살펴보도록 하자. BI작업은 매뉴얼 북(manaual book)으로 작성되어 보여지는데, 매뉴얼 북이라는 것은 개발된 BI의 활용양식을 규정한 것으로 디자인물을 제작할 경우 반드시 매뉴얼 북에 지정된 사항을 따라야 한다.

 BI 개발의 첫 단계는 네이밍(Naming)이다. 하나의 BI가 탄생하기 위해 얼마나 치밀한 사전조사가 필요한지를 보았다. 사전조사를 통해 지역 이미지를 결정하고 그에 상응하는 명칭을 부여해야 한다. 그 다음은 BI에 적합한 심볼과 로고·엠블렘·마스코드·시그니쳐를 결정한다. 그 다음에는 한글 전용서체와 한글 지정서체 및 영문 지정서체 등을 명시해야 한다. 디자인 작업에서 제외되어서는 안 될 부분은 전용색상을 지정하는 것이다. 여기까지의 기본적인 사항에 대한 지정이 끝나면 다양한 디자인 활용물에 대한 예시물을 제시해 주어야 한다. 예를 들어 지면광고 타입·초청장·봉투·위촉장·감사패·명함·포스터·팜플릿·간행물·종합안내 사인·가로등 배너·현수막·아치타워·차량용 스티커·관광안내 표지 사인·행사관련차량·공중화장실·휴지통·기념탑·주차유도 사인·진행요원 의상·기념품·뱃지 등 BI를 적용할 수 있는 부분에 대해 최대한의 예를 제시해 주어 관련 조직위원회에서 효과적으로 사용할 수 있도록 해야 한다.

또한 최근 정보통신망의 발달로 인터넷을 통한 홍보가 활발히 이루어지고 있으므로, 인터넷상의 홈페이지 제작에도 BI를 적용하는 것이 바람직하다.

그리고 요즈음 도시를 브랜드 마케팅 개념에서 출발하는 브랜드 네이밍 작업이 활발하게 일어나고 있는데, 도시의 과거와 현재 그리고 미래의 가치를 상징하는 도시브랜드 개발을 목적으로 한다.

● 도시브랜드란?

특정도시가 그 지역만이 가지고 있는 자연환경, 역사적인 특징, 문화적인 매력, 행정서비스 등 다른 도시와 확연히 구별하기 위해 사용하는 도시의 명칭·상징물·디자인들의 결합체라고 할 수 있다. 도시가 가지고 있는 차별화 된 복합적인 이미지 또는 행정서비스를 거주 시민과 잠재적 고객(도시를 방문하는 내·외국인)에게 명확히 인식시키기 위해서 경쟁도시로부터 차별화하기 위한 수단(도시명칭, 상징물, 디자인 등을 포함)이 된다. 거주시민과 잠재적 고객은 그 도시를 인식하고 이것을 통하여 자신의 정체성과 이미지를 표출하는 폭넓은 개념의 행위수단이다.

세계화 시대에 부응하여 세계의 각 도시들은 도시 슬로건을 사용하고 있다. 그 예로 뉴욕은 'I♥N.Y', 오스트리아 빈은 'CITY OF MY DREAM', 도쿄는 'Yes! Tokyo', 홍콩은 'Asia's World City'를 도시 슬로건으로 내세우고 있다.

우리나라의 도시브랜드 현황은 다음과 같다.

❶ 서울특별시

- 구호/표어(슬로건) : "Hi Seoul"
- 부제 : "We Are Friends", "I Love Seoul", "Dreams@Seoul"
- 3대 지향점 : Lovely Seoul, Friend Seoul, High Seoul

Hi는 전 세계 사람들이 가장 많이 쓰는 영어 인사말로서 지구촌에 밝고 친근한 서울의 메시지를 전달하고 다양하고 활기찬 서울의 매력을 표현, 시민들이 친근한 인사말로 서르 가까운 이웃임을 확인하고 지역, 계층간 화합을 통해 고향의식을 가질 수 있는 통합 의지를 표현, High와 동음으로 대한민국의 수도를 뛰어넘어 지구촌 시대의 세계 대도시간 경쟁에서 서울이 나아가야 할 비전을 제시.

❷ 부산광역시

- 구호/표어(슬로건) : "Dynamic Busan"
- 부제 : "City of Tomorrow", "Asian Gateway"

Dynamic Busan은 개방 진취적인 부산 시민의 기질을 잘 나타내고 있으며 관광·경제·교육·문화 등 모든 분야에서 활기차게 역동적으로 발전한다는 긍정적인 메시지를 담고 있다.

❸ 대구광역시

대구광역시는 아직 영문구호를 사용하고 있지 않으나, 곧 영문구호를 확정하여 사용할 준비를 하고 있다. 구호는 다음과 같다.

- 구호/표어(슬로건) : "Colorful DAEGU" 또는 "Now DAEGU"
- 부제 : "Beautiful Places, Colorful Dreams" 또는 "New Start, New World"

1. 젊고, 밝고, 멋지고, 활기찬 도시를 의미하며, 과거와 현재가 공존하는 다양한 모습의 발전적인 대구를 표현.

2. 지금부터는 대구, 이제는 대구 시대를 의미하여 세계의 중심도시로 도약하고자 하는 미래의 대구를 표현.

❹ 대전광역시

- 구호/표어(슬로건) : "It's Daejeon"
- 기본 구상(concept) : "Variety of Daejeon"
- 부제 : Dream it! Make it!

Interesting – 삶이 재미있고, 풍요로운 도시

Tradition &Culture – 전통과 다양한 문화의 도시
Science &Technology – 과학의 도시, 미래의 도시

❺ 울산광역시

- 구호/표어(슬로건) : "Ulsan for You"
- 부제 : "A Good City to live in"

"최고, 미래, 바다, 역동"으로서 "Ulsan for you"는 "항상 준비된 도시, 울산", "울산은 당신을 위한다"라는 의미.

❻ 광주광역시

영문 슬로건 'Your Partner Gwangju'의 디자인은 영문 Y와 P자를 의인화하여 서로 어깨동무(동반자, 친구)하는 모습으로 모든 사람이 함께 하는 민주인권도시, 문화관광도시, 첨단산업도시 광주(光州)를 표현하였으며, 전용색상은 기존 CI와 연계하여 주황은 빛의 도시, 진녹색은 만물의 생성과 생명을 의미하는 녹색환경도시, 감청색은 인류의 평등과 상생을 지향하는 평화도시를 상징함으로써 빛과 생명의 정신을 발양(發揚)하여 지역과 국가, 세계를 위한 참 삶의 공동체를 일구어 나가는데 기여하는 선구자적 역할을 다할 것을 표상하고 있다.

❼ 인천광역시

인천광역시는 따로 영문 구호를 사용하고 있지 않으나, 버스와 같은 공공기물에 "Clean Inchon"과 같이 영문 구호를 사용하고 있다.

❽ 마산

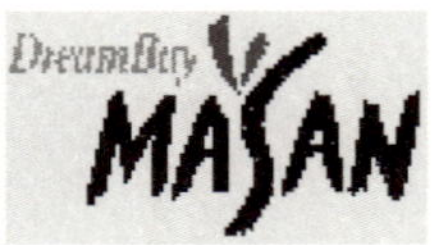

- 구호/표어(슬로건) : Dream bay masan!
- 부제 : 없음

'Dream'은 모두가 살고 싶어 하는, 모두가 꿈꾸는 우리시의 이상적인 모습을 상징하며, 발전에 대한 희망과 의지를 느낄 수 있게 한다.

'Bay'는 마산시가 갖는 항만도시로서의 지리적 특성을 표현함과 동시에 첨단 해양도시, 관광해양 도시로의 발전상을 나타낸다.

또한 전체적으로 친숙하고 쉬운 어감으로 인지와 기억에 용이하며 마산 시민과 외부인에게 무한한 성장 가능성의 도시 마산의 미래지향적인 모습을 전달하고 있습니다.

⑨ 김해시

- 구호/표어(슬로건) : "Gimhae for You"
- 부제 : 없음

김해 사랑의 주체인 "you"를 하트모양으로 형상화한 것으로 항상 따뜻하고 친절한 김해시를 상징적으로 표현하고 있다.

⑩ 수원시

- 구호/표어(슬로건) : "Happy Suwon"
- 부제 : 없음

100만 도시 수원의 정체성과 미래상을 담고 있으며, "Happy가 가지고 있는 행복한, 기쁜, 즐거운"의 긍정적인 이미지를 가지고 있다.

H : Harmonious – 조화로운, 화목한 – 더불어 사는 행복한 도시 수원

A : Abundant – 풍부 – 풍부한 문화관광의 도시 수원

P : Paramount – 최상의 – 최상의 첨단산업 중심도시 수원

P : Prosperous – 번영의 – 번영된 미래가 약속된 도시 수원

Y : Youn – 젊은 – 젊고 역동적인 도시 수원

⓫ 천안시

- 구호/표어(슬로건) : FAST CHEONAN
- 부제 : 없음

- F(First) → 제일의 도시 천안.
  - 시민의식/행정/경제/교육/교통 시민생활과 밀접한 모든 면에서 전국 제일지향.
- A(Abundant) → 풍부한 도시 천안.
  - 우수인력/문화예술/관광자원/특산물/스포츠 유무형의 자원이 넉넉하고 풍부.
- S(Satisfied) → 시민 만족의 도시 천안생활/직업/교통/여가/교육환경 등 5대 환경 인프라가
  구축된 만족스러움.
- T(Technologic) → 첨단과학산업의 도시 천안.
  - 천안밸리/IT산업육성/첨단산업단지 조성 등 첨단 과학기술이 시 성장동력을 이룸.

이러한 BI를 통해서 마스코드, 캐릭터, 모자, 기념엽서, 기념 뱃지, 볼펜, 타올, 티셔츠, 란제리, 전화카드, 넥타이, 손수건, 머그 컵, 우산, 방향제, 가방, 열쇠고리, 응원도구, 타이슬링, 자켓, 연습장, 부채, 키홀더, 양말, 스카프, 접시, 시계 등 다양한 디자인 응용물들을 제작하여 판매하면 수익금을 얻을 수 있다.

그림 1.25 도시브랜드 응용 기념품

그림 1.26 도시 브랜드 응용 기념품 스포츠
행사 디자인 응용 기념품

그림 1.27 디자인 응용 기념품

3. Slogan(슬로건)

슬로건은 대중의 행동을 조작(操作)하는 선전에 쓰이는 짧은 문구로 본래 스코틀랜드에서 위급할 때 집합신호로 외치는 소리(sluagh-ghairm)를 슬로건이라고 한 데서 나온 말이다.

슬로건이란 일반적으로 긴 문장형의 글이나 함축된 단어 또는 도형 및 상징적 요소들의 결합물로서 표현된 브랜드의 한 요소를 말한다.

단순한 광고 문구인 광고카피나 대중적 인지도 및 선동 호소를 목적으로 하는 캐치프레이즈와도 엄밀히 말하면 차이가 있다. 브랜드 슬로건은 광고카피나 캐치프레이즈에서 보여주지 못하는 회사의 철학이나 비전 등 이념적 요소도 표현하고, 전자들에 비해 비교적 장기의 라이프 스타일을 가지고 있다. 브랜드 아이덴티티를 표현하는 브랜드의 한 요소로서, 브랜드를 알기 쉽게 인지시켜주고, 설득력 있는 문구를 통해서 브랜드 목표를 소구 할 수 있는 심리자극 효과도 구현한다.

슬로건을 개발할 때 유의할 점은 핵심 아이덴티티의 표현성과, 브랜드 요소들 간의 관련성, 관련업체 슬로건 간의 차별화를 지향하고 명확한 브랜드 이미지를 전달할 수 있어야 한다. 또한 광고 매체 등에 전달할 때의 효과성도 고려하여야 한다.

❶ 화장품

- 파파라치 앵글에 담긴 나만의 컬러특종! : 보브컬러쏭글로씽(보브)
- 여름 바디엔, 눈속임이 필요하다 : 라네즈 스타일리쉬 바디 스무더 & 바디 펄(터펑앙)
- 백만불짜리 몸매를 만드는 메이크업 : 라네즈 스타일리쉬 바디 스무더 & 바디 펄(쾌펑앙)
- 당신의 마지막 샴푸 : 헤나샴푸 리체나

❷ 식품, 음료

- 키스 고플 땐… : 마이쮸(크라운제과)
- 보라먹으면 젊어진다 : 마이쮸(크라운제과)
- 빨강먹으면 예뻐진다 : 마이쮸(크라운제과)
- 사람이 좋아진다! : 참진이슬로
- 친구, 가끔은 뒤돌아보라구 : 캔 맥스웰 하우스(동서식품)

❸ 가전

- 내 마음을 벽에 걸었다 : 엑스캔버스(LG전자)
- 내가 그녀를 프린트하기 전에는 그녀는 다만 하나의 jpg에 지나지 않았다 : 삼성프린터 포토S
- 사랑한다면 프린트하라 : 삼성프린터 포토S
- 선명한 사진엔 말이 없다 : 후지 파인픽스 Z1
- 흔들려도 어두워도 선명하게 : 후지 파인픽스 Z1
- 발효과학은 진보합니다 : 딤채(위니아만도)
- The Original 딤채 : 딤채(위니아만도)
- 때로는 신선한 바람만으로 거실을 꾸며보고 싶다 : 휘센(LG전자)
- 바라만 봐도 : 휘센(LG전자)
- 사랑은 시간에 갇혀 살지 않는다! : 소니사이버샷

- 내 얼굴에 내가 반한다 : 니콘 쿨픽스S1
- 나르시스 : 니콘 쿨픽스S1

❹ 이동통신

- 자동차의 지능을 높였다 : KTF모젠
- 희망이 부족한 곳이면 어디든 달려갑니다. 투모로우 팩토리 : SK텔레콤
- 내일이 가장 먼저 오는 나라. 투모로우 팩토리 : SK텔레콤
- 테이크 아웃 TV : TU
- TU야 TV를 부탁해 : TU
- 스카이, TV를 손에 넣다 : SK스카이

❺ 자동차, 부품

- 세상이 지루하다고 느껴질 때 VOLVO S60을 만나실 때입니다 : 볼보S60(프리미어오토모티브)
- 당신의 라이프 스타일까지 다이나믹 해집니다 : 볼보S60(프리미어오토모티브)
- 이미 외제차를 뽑으셨다면 SM7을 함부로 쳐다보지 마십시오. : 르노삼성자동차SM7
- 스타일에서 디테일까지~~ 흥분은 계속된다! : 프라이드(기아자동차)
- 당신은 지금 어느 곳으로 가고 계십니까? : 그랜저(현대자동차)
- 무겁고 지친 차를 위해 태어났다 : 수(S-oil)

⑥ 건설

- 문화로 먼저 만납니다. : 우림건설
- 파티가 어울리는 아파트 : 현진 에버빌
- High Class Culture Life : 현진 에버빌

⑦ 의류

- 선이 살아있다 : 마에스트로(LG패션)
- 보이는 것은 중요치 않다 : BYC

⑧ 유통

- 인생의 특별한 순간에 떠오르는 곳이 있습니다. : 갤러리아백화점
- 두 번째 사랑이 시작될 때 소녀에서 여자로, 스무 살 감성에 빛을 더하세요. : 신세계
- 주말이면 바람을 일으키는 남자 : 롯데백화점
- FEEL THE HAYTT TOUCH HYATT : 하얏트 호텔
- 당신에게는 휴식의 스타일이 있습니다. : 호텔롯데
- LOTTE, in style : 호텔롯데
- 잘 쉬게 하는 것도 경영입니다 : 호텔 현대
- 같은 물건 비싸게 살수록 점점 더 옥션 생각난다 : 옥션

❾ 금융, 보험, 은행

- What is Your Favorite Style? : 현대카드
- 현대카드가 당신의 HARLEY-DAVIDSON 스타일과 함께 합니다 : 현대카드
- 현대카드가 당신의 AVEDA스타일과 함께 합니다 : 현대카드
- 현대카드가 당신의 PUMA 스타이리과 함께 합니다 : 현대카드
- 현대카드가 당신의 Club Med 스타일과 함께 합니다 : 현대카드
- 현대카드가 당신의 MINIMOTO 스타일과 함께 합니다 : 현대카드
- 시스템이 다르면 보험도 다릅니다. : 교보자동차보험
- 내일도 좋은 하루, Hi 현대해상 : 현대해상화재보험
- Change the Life! : 대한생명보험
- 내일도 좋은 하루 : 하이 현대해상
- 인생이 계획대로 착착착! : 조흥은행

❿ 기업

- Drive your way : 현대자동차
- 멀리 보겠습니다. : 금호아시아나 그룹
- Always Beautiful : 행남자기
- 당신을 만나서 행복합니다. : SK텔레콤
- 충분히 듣고 충분히 토론하고 충분히 검토하세요. : 한국수력원자력

- 칭찬하다 라는 월계수 말뜻에서 이 땅의 교육을 다시 생각합니다. : 휘튼교육
- 인터넷으로 본 샌프란시스코는 샌프란시스코가 아닙니다. : UNITED에어라인
- 꼭 빨간색만 보고 오는 건 아닙니다. : SK주유소

⓫ 의약

- 어머니, 아버지 써큐란 떨어지면 이야기하세요! : 써큐란(동아제약)

⓬ 행사

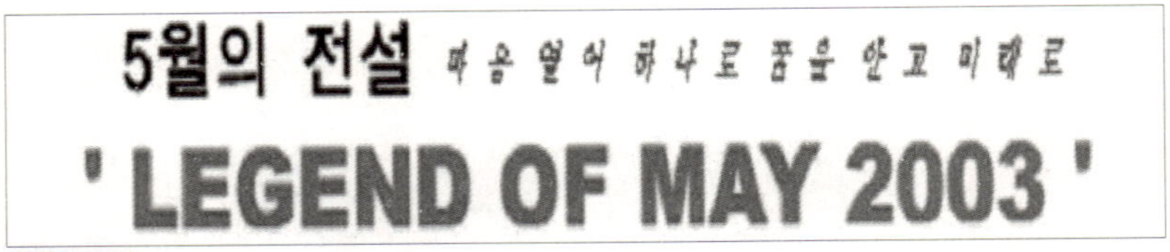

그림 1.28 디자인 응용 기념품 제23회 전국장애인체육대회 슬로건

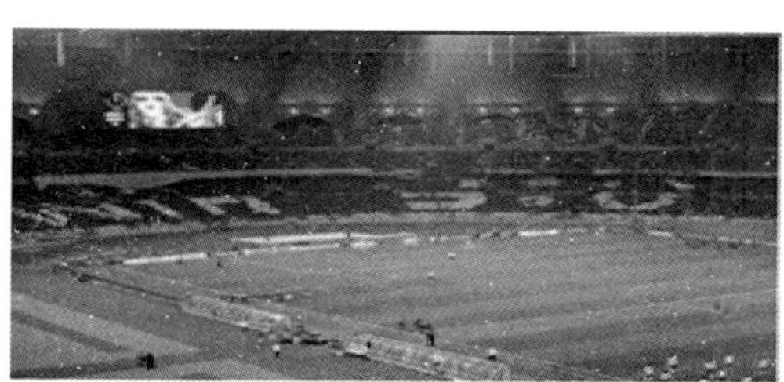

-1차전(폴란드전)
-슬로건 : WIN 3:0
  3 : 0으로 이겨서 월드컵 첫 승을 이뤄 주라는
  소망을 담는 문구

-2차전(미국전)
-슬로건 : GO KOR 16
  16강에 진출하자는 뜻

-3차전(포루투갈전)
-슬로건 : 대한민국
  짝! 짝! 짝! 짝! 대한민국

－16강전(이탈리아전)

－슬로건 : AGAIN 1966.

  1966년 잉글랜드 월드컵 당시 조별예선에서 이태리를 1 : 0으로 꺾은 그 기적을 다시 한번 일으켜 달라는 염원에서 기획.

－8강전(스페인전)

－슬로건 : PRIDE OF ASIA

  16강전에서 일본의 탈락으로 아시아 국가 중에서 유일한 8강 진출국으로 아시아의 자존심을 걸고 좋은 결과를 보여 달라는 뜻.

－4강전(독일전)

－슬로건 : 꿈★은 이루어진다.

  독일전에서 이기고 월드컵 우승해서 유니폼에 별을 새기자는 취지와 지더라도 대한민국이 국가대표 팀이 꿈을 이루었고 또 앞으로도 계속해서 도전을 이루어나간다는 취지.

-3, 4위전(터키전)
-슬로건 : CU@K리그
  월드컵 당시의 성원을 K리그까지 이어가 갈
  라는 취지

그림 1.29 2002 한일월드컵 슬로건

　이러한 슬로건을 제작할 때는 핵심 아이덴티티 표현성, 브랜드관련성, 다른 브랜드와의 차별성, 명확한 이미지 전달, 광고 매체전달 효과성, 공감대를 형성 할 수 있는지에 대한 사항들을 체크하여 제작하는 것이 중요하다.

4. 행사의의 · 목적

  행사나 축제를 기획함에 있어 명확한 행사의의와 목적이 요구된다. 행사의 사회적인 명분(사회적 · 경제적 · 시대적 · 도덕적)도 고려해야 하지만 행사의 당위성에 대해 명쾌하게 밝혀주어야 할 부분이 행사의의 · 목적 부분이다.

  행사를 목적별로 나뉘면,

❶ 수익형 행사

관광행사, 산업형 행사, 프로모션행사

❷ 공공성(PR성) 행사

  종교적 행사, 정치적 행사, 스포츠행사, 기업형 프로모션(고정 고객유지), 단순 지역홍보, 주민 화합형 축제 등이 여기에 속한다.

❸ 복합행사

  PR과 수익을 내기 위한 두 가지의 양면적 성격을 가진 Sales Promotion 형태로 예술행사를 들 수 있다. 예술행사는 초청연주회, 갤러리 행사 등은 PR성 예술행사에 속하고 콘서트. 패션쇼 같은 경우 수익성 예술행사에 속한다.

5. 목표

목표부분에서는 행사의 개최에 따른 산업적 기대수치를 나타내는 것으로 관련업체 유치 등 산업 활성화를 통한 지역경제 및 신규 고용창출을 위한 창업지원, 보육효과의 증대를 통해 수익모델을 창출하여 자생력 있는 행사나 축제가 될 수 있도록 한다. 그러므로 구체적인 목표를 잡고 시장점유, 연구개발, 해외투자유치, M&A, 중장기 사업기반구축에 기여할 것을 목표로 한다.

표 1.1 천안 국제게임엑스포 개최에 따른 산업적 기대수치

단계	연도	주기	참가자	일반인	참여업체	창업 (업체)	보육 지원 (업체)	수주액 (단위 : 억원)	취업 (명)	투자 상담 (단위 : 억원)	M&A (단위 : 억원)
준비	2004	포럼연도	8,000	10,000	30	5	5	1	50	5	10
도입	2005	1차 연도	15,000	30,000	100	20	20	10	200	30	50
진입	2006	2차 연도	50,000	100,000	500	100	60	100	1,000	100	200
국제전	2007	3차 연도	60,000	200,000	700	200	100	200	5,000	300	300
도약	2008	4차 연도	70,000	400,000	1,000	300	200	400	10,000	500	400
확대	2009	5차 연도	70,000	800,000	1,000	500	300	800	30,000	800	700
안정	2010	6차 연도	70,000	1,000,000	1,000	1,000	500	1,000	50,000	1,000	1,000

6. 시장조사분석

　시장조사란 과거와 현재의 시장 및 경쟁상황을 조사하고, 분석을 통해 미래를 예측함으로써 시장전략 수립의 지침을 제공하고자 하는 미래 지향적인 활동으로, 목표치에 대한 객관성을 확보하기 위한 기대수치나 동향을 정성, 정량적으로 데이터를 분석하는 것이 필요하다.

　좀 더 구체적으로 시장조사를 들여다보면 목표시장, 타행사 분석, 설문지, 선행연구(외국사례)를 수집·분석하는 작업이라 할 수 있다. 이러한 시장조사를 통해 얻어진 정보는 가장 중요한 전략적 의사결정에 도움을 줄 수 있는 정보라야 한다.

　즉 정확성, 현실성, 충분성, 관련성, 이용가능성을 지닌 정보를 수집하여 전략이나 계획을 수정, 보완하는 것을 그 주요 목적으로 한다.

❶ 해외, 국내 거시적 동향, 여건 조사 분석

관련사업 분야/정치/경제/사회/문화/군사/종교/교육/법률/연예영화 등.

❷ 행사에 직접적인 타켓 조사 분석

지역별, 대상별, 내용별, 분야별, 주제별, 기관별, 업체별 실태에 대한 정보 및 조사데이터 조사, 수집, 분석 후 중요사항 정리.

❸ 행사 추진을 위한 여건 분석

현재 주어진 경영자원 분석.
(인력, 자금, 경험, 노하우, 정보, 관련인물, 기관, 단체, 업체 등)

❹ SWOT 분석과 대안

- 강점(Stregth) : 노하우, 경험, 인력자원, 자금, 정보력, 공신력, 홍보력 등의 강점.
- 약점(Weakness) : 경쟁업체에 상대적으로 약한 점, 원래 지니고 있는 약점 등.
- 기회(Opportunity) : 행사 여건상 시기적으로 유리한 요소 활용.
- 위협(Threat) : 행사여건, 시기, 경쟁상대의 강점에 대한 위협, 법규정의 강화, 긴급조치, 기타 환경여건상 행사에 긴요하면서 피해가야 할 사항 등.

❺ 시장 조사를 통해 얻는 이점

① 시장조사는 고객들이 지닌 특성에 대한 정보를 제공하여 명확한 표적시장 선정에 도움을 준다(Market Size, Target, Segementation).
- 누가 우리 고객인가?
- 이 시장규모는 어느 정도인가?
- 그들의 나이, 수입, 교육수준은 어느 정도인가?
- 그들의 직업, 관심분야, 취미는?
- 그들의 자녀 수는?
- 그들은 어디서 살며, 일하는가?

② 시장조사는 구매력(Purchasing Power)과 구매습관(Buying Habit)을 알려준다.

③ 시장조사를 통한 정보는 목표시장의 자금규모와 경제적 속성 등을 밝혀준다.

④ 시장조사는 경쟁자에 대한 정보로서 다음과 같은 질문에 해답을 제시한다.
- 나의 경쟁자는 누구인가?
- 그들은 나와 어떻게 경쟁하는가?
- 그들의 장점과 약점은 무엇인가?
- 그들이 중요시하지 않거나 커버하지 못하는 틈새시장은 어디인가?
- 경쟁사와 비교하여 우리 회사를 독특하게 만드는 것은 무엇인가? 등

⑤ 환경적인 요인에 대한 시장정보는 사업운영에 영향을 미치는 외부 환경에 대한 이해를 도와준다.

⑥ 시장조사는 현재 그리고 미래 고객과의 커뮤니케이션을 제공한다.

즉, 정교한 시장조사를 하게 되면, 고객들과 직접 대화할 수 있는 좀 더 효과적이고 목적 지향적인 마케팅 전략을 짤 수 있다.

시장조사분석 부분에서 체크 되어야 할 점은 관련사업 분야별로 여건조사를 토대로 행사 타겟 조사 분석과, 경영자원 분석, SWOT분석, 설문지, 선행연구와 타행사 분석이 필요하다.

제2장
Merchandising(상품기획, 수익모델, 저작권판매, 행사구성)

1. 탈거리

　탈거리는 관광객의 운송교통수단을 상품화하는 것을 가리킨다. 실제 관광객이 한 지역을 방문하게 될 경우 가장 먼저 고려하는 부분은 바로 탈거리이다. 장소의 멀고 가까움을 떠나 누구나 여행을 다녀 본 경험이 있을 것이다. 그때 일단 여행 일정이 수립되면 가장 먼저 '어떻게 갈까?', 즉 '무엇을 타고 갈까'를 생각하게 된다.

　탈거리는 지역문화축제의 인프라(infra-structure) 부분에 있어서도 가장 먼저 고려되는 요소이다. 축제장소가 지리적으로 고립된 곳이거나 교통접근이 불편한 곳이라면 관광객의 입장에서는 장애요인을 느끼게 되고, 결국에는 방문을 기피하게 되는 상황을 초래한다. 그렇기 때문에 상품기획 7거리 중에서 탈거리가 제일 먼저 고려되어야 한다.

　탈거리의 수단으로는 항공·열차·버스·승용차·도보·자전거·렌터카·관광버스 등 다양한 종류가 있다. 물론 그 외에도 수많은 탈거리 종류가 있을 것이다. 예를 들면, 어린이들 사이에서 유행하는 인라인·킥 보드 등도 상품화 될 수 있으며, 전통운송수단인 우마차·가마 등도 탈거리로 상품가치가 크다고 하겠다.

그림 2.1 전통운송수단

또한 탈거리와 놀거리를 결합하여 참여 이벤트로도 개발할 수 있다. 예를 들어 축제행사장이 넓을 경우 관광객들에게 자전거와 킥 보드 및 인라인 스케이트 등을 대여해 주는 방법을 생각할 수 있다. 이 경우 관광객들에게는 편의를 제공하는 동시에, 탈거리를 통한 즐거움도 제공할 수 있으며, 대여업체들에게는 경제적인 이익을 제공하게 되고, 주최 측에서는 BI권 부여를 통한 수익 모델을 찾을 수 있는 일석삼조의 효과를 거둘 수 있다.

또는 사라져 가는 전통 우마차나 가마 등을 타 볼 수 있는 기회를 마련하는 것도 관광객들에게는 색다른 경험으로 기억에 남게 될 것이다.

2. 잠잘거리

여행에서 첫 번째 고려요소는 교통편이라고 했다. 그러면 두 번째 고려요소는 무엇일까? 일반적으로 '무엇을 타고 갈까'가 결정되면, 1박 이상의 여행에서는 '어디서 잘까?'라는 잠잘거리에 대한 문제를 해결해야 한다. 잠잘거리 또한 지역문화축제의 인프라로서 가장 큰 부분을 차지한다고 할 수 있는데, 외부관광객이 단일방문을 했을 경우와 비교하여 볼 때 1박을 하게 되면 무려 네 배의 지출을 한다는 통계자료가 이를 뒷받침하는 근거가 된다. 따라서 관광객의 소비수준을 고려한 다양한 가격대의 이용 편리한 잠잘거리가 마련되었을 때 지역경제 측면에서는 네 배의 효과를 올릴 수 있다는 사실을 명심해야 할 것이다.

잠잘거리의 수단으로는 호텔·여관·연수원·콘도미니엄·유스 호스텔·야영 텐트·민박· 등을 들 수 있다. 잠잘거리를 특화시켜 관광상품으로 만든 대표적인 예는 온천제일 것이다. 온천으로 유명한 수안보와 온양지역은 지역 내에 산재한 온천장들을 연계하여 온 천제를 실시함으로써 단일 코스로 가능한 지역방문을 체류형으로 변화시킬 수 있게 되었다. 또한 주변 관광지와의 연계 프로그램을 개발하기도 하고, 온천수를 테마 파크로 개발하여 수영장 놀이시설을 갖추어 어린이들을 유인하는 관광상품을 개발하는 지역도 있다.

최근 농촌체험을 위한 민박을 통해 아이들에겐 자연학습장 및 어른들에게 추억의 장을 마련하여, 도시에 사는 사람들에게는 큰 인기를 끌고 있다.

3. 먹거리

　행사나 축제 기간 중 빼놓을 수 없는 재미 중 하나는 먹는 재미일 것이다. 따라서 특산물 위주의 지역특화 먹거리 개발은 관광객을 유치할 수 있는 또 하나의 방법이 될 수 있다. 그리고 외부관광객에게 그 지역의 독특한 맛과 향을 가장 잘 전달할 수 있는 것이 바로 먹거리일 것이다. 먹거리는 전통음식물 및 전통 차 등 1차 가공요리를 상품화하는 것을 가리킨다. 지역 특산물을 2차 가공하여 판매할 수 있도록 만든 것은 7거리 중 살거리에 속한다.

　행사기간 동안 지역식당들의 매출을 올리기 위해서는 조직위원회에서 통일성 있는 홍보 활동이 이루어질 수 있도록 각 음식업체들에게 휘장권을 배분하는 작업에 좀더 신경을 써야 할 것이다. 이는 과중한 자체 경비부담으로 홍보활동이 어려운 업체들에게 적은 비용의 홍보 를 통해 매출을 신장시킬 수 있는 기회를 제공하는 동시에, 축제의 일원이라는 자긍심도 부 여함으로써 관광객들에 대한 서비스 개선효과도 얻을 수 있는 방법이다.

그림 2.2 제24회 금산인삼축제

　　또한 지역특산물을 이용한 먹거리를 개발함으로써 특산물을 2차 가공한 살거리의 판매촉진효과도 유발할 수 있다. '금산 인삼제'의 경우 축제 프로그램 중에 인삼요리 30선 사진전시회를 실시하고 있는데, 이는 인삼을 재료로 한 다양한 음식의 소개를 통해 궁극적으로 인삼의 판매증가효과를 노린 것이었다.

4. 볼거리

행사에서의 볼거리 제공은 관광객에게 보여지는 가시적인 효과측면에서 가장 중요한 부분이다. 또한 가장 예산이 많이 소모되는 부분이기도 하다. 따라서 예산절감이라는 측면에서도 완벽한 상품기획이 요구된다.

볼거리의 종류로는 고적지(古蹟地)·유적지(遺跡地)와 각종 공연물, 영화제, 체육대회, 선발대회 등을 들 수 있다. 우리나라의 축제에서 지적되고 있는 문제점 중 하나는 축제장소인데, 넓은 공간을 확보하기 위해 대부분의 축제가 운동장이나 공터 등지에 야외무대를 설치하여 진행되고 있다. 이렇게 되면 지역의 상가와도 멀리 떨어져 경제적인 면에서도 비효율적이지만, 볼거리의 측면에서도 마이너스 요소를 작용한다.

영국 에든버러의 군악대축제가 세계적인 성공을 거둔 것은 에든버러성이라는 역사적 관광자원을 배경으로 사용함으로써 관광객들에게 그 옛날의 생기 넘치던 에든버러성에 온 것 같은 느낌을 주었기 때문이었다. 그런데 이를 위해서는 문화유적지를 연출무대로 활용하는데 따르는 관계당국자들의 인식변화가 필요하다. 에든버러의 경우 연출을 위한 조명시설설치 등에 있어 관련기관의 적극적인 협조를 받고 있으나 우리나라의 경우 문화유적지를 훼손한다는 이유로 관련기관의 협조를 얻기 어려운 실정이다. 문화재를 보호하려는 입장도 타당하지만, 과연 무조건적인 보호만이 최선책인지 관계당국의 긍정적인 태도변화를 기다려 본다.

볼거리를 테마로 하나의 문화관광상품을 개발한 사례는 우리나라에서 찾아보면 '부산 국제영화제'를 들 수 있는데 5회의 행사를 통해 아시아 제1의 영화제로 발돋움하였다. 아시아권 영화제로 출발하였으나, 단 5회 만에 세계영화계의 주목을 받는 행사로 발전하여 명실상부한 세계영화시장의 한 자리를 차지한 행사로 평가받고 있다. 또한 '부산 국제영화제'를 통해 아시아와 한국영화의 투자자를 대거 유인하는 성과를 기록하여 문화·경제적 이익을 창출하는 효과를 보여 주고 있다. 부산 국제영화제 추진위원회의 지속적인 활동으로 세계영화제로 성장할 수 있기를 바라며, 우리나라 영화산업의 발전에 주춧돌이 되기를 기대해 본다.

그림 2.3 에든버러성에서 열리는 군악대 축제

락 콘서트

외국전통음악회

게임패러디 퍼포먼스(크레이지 아케이드

게임패러디 퍼포먼스(스페셜 포스)

마술

street dance

그림 2.4 2005 대구 e-Sports Festival 부대행사 볼거리

5. 놀거리

놀거리는 축제기간 동안 즐비하게 늘어서는 유흥분위기의 오락물들을 말하는 것이 아니라 축제 내에서의 참여 이벤트를 지칭한다. 현대인들은 보고 즐기는 이벤트보다는 직접 참여하는 이벤트를 선호한다. 따라서 건전한 놀거리를 제공하여 관광객에게 잊지 못할 추억으로 간직될 수 있는 참여 이벤트를 개발하는 것이 중요하다. 또한 중·장·노년층도 고려한 부대행사 개발도 중요하다.

놀거리를 관광상품으로 개발한 사례는 '보령머드축제', ' 남대천 연어축제' 등을 들 수 있고, 한 겨울의 부산 앞바다에서 펼쳐지는 '북극곰 수영대회' 역시 회를 거듭할수록 많은 사람들이 참여하고, 외국인들도 다수 참가하는 대규모 행사로 자리잡아 가고 있다.

보령지역의 경우 서해안의 해수욕장이라는 놀이시설과 풍족한 머드를 결합시켜 '머드축제'를 개발함으로써 더 많은 관광객을 유치하게 되었고, 관광객의 입장에서는 해수욕장의 놀이시설과 머드를 이용한 놀거리 프로그램으로 즐거운 시간을 보낼 수 있는 동시에, 피부미용에도 효과를 볼 수 있고, 일반 해수욕장에서와는 다른 체험을 하게 됨으로써 더 많은 만족을 얻게 되었다.

'남대천 연어축제'는 놀거리와 느낄거리가 잘 조화를 이룬 축제로 평가받고 있다. 강물에 뛰어 들어 맨손으로 역류하는 연어를 잡는 관광객들은 동심(動心)의 세계로 돌아가 즐거운 시간을 보내기도 하지만, 연어의 일생을 통해 가슴깊이 감동을 느끼는 계기도 된다. 또한, 행사 기간 동안 자원봉사나 진행요원의 리드로 참여자들에게 마스크를 제공하거나 페이스 페인팅(Face Painting)을 해줌으로써 축제 분위기를 고조시키는 것도 좋은 방법이다.

그림 2.5 남대천연어축제

그림 2.6 보령머드축제

그림 2.7 북극곰수영대회

6. 팔거리

　사람들은 일상생활에서와 관광객이 되었을 때 그 마음가짐이 달라지게 되고, 그에 따라 소비정도도 당연히 달라진다. 이 점을 잘 파악하여 관광객의 소비심리를 자극하는 것이 중요하다. 행사나 축제에서의 팔거리 아이템(item) 개발과 더불어 축제와 관련한 휘장권 분배도 중요하다는 것은 앞에서 지적한바 있다. 우리나라에서 진행 중인 대부분의 지역축제는 지역특산물, 즉 팔거리를 특화시킨 경우가 가장 많은데, 이는 지역특산물 판매촉진을 통한 경제적 이익을 창출하려는 의도에서 기획된 축제가 많기 때문일 것이다. 풍기·금산인삼축제, 하동 야생차 축제, 부산 자갈치축제, 통영 나전칠기 축제 여주·이천 도자기 축제 등은 전형적인 팔거리를 특화축제로 분류된다.

그림 2.8　부산자갈치 축제

그림 2.9　하동 야생차 축제

팔거리의 종류에는 전통민예품, 기념품, 패션의류, 악세사리, 벨트, 화장품, 가구, 자동차 등으로 올림픽이나 월드컵 같은 큰 행사나 축제에 대한 휘장권을 잘 활용해 수익모델을 창출하는 것이 바람직하다. 또는 협찬사를 통해 연계관광을 유도하는 것도 하나의 방법이 될 수 있다.

7. 느낄거리

이벤트나 행사 기획에 있어서 최종의 목표는 누구를 감동시킬 것인가, 그러한 감동을 어떻게 소비로 연결시킬 것인가 하는 사항이다. 지역의 자연자원을 관광상품으로 개발한 경우는 볼거리와 느낄거리를 결합한 것이 많다. 자연의 웅장하고 신비한 모습 앞에서 인간은 경외감과 숙연함을 느끼게 되는데, 바로 이런 심리를 관광 상품화 시킨 것이다. 자연자원을 소재로 상품화 한 축제로는 '대관령 눈꽃축제', '진해 군항제', '무주 반딧불축제', '남대천 연어축제' 등이 있다.

'무주 반딧물 축제'는 환경·문화축제라는 새로운 면모를 강조하는 축제로 그 중요성을 인정받고 있다. 전국에서 유일하게 천연기념물 제322호로 지정된 반딧불이의 서식지를 배경으로 형설지공(螢雪之功)의 이야기에 바탕을 둔 축제로서 환경축제·역사축제의 이미지로 관광객들에게 어필(appeal)하고 있다. 도시화·산업화로 인해 파괴되어 가는 지구환경을 지키자는 사회적 이슈와 밤하늘을 반짝이며 날아다니는 반딧불이의 외소한 몸짓이 사람들로 하여금 환경의 소중함을 다시 한번 깨닫게 해 주는 계기가 되어 준다.

천연자원 외에도 역사적 인물이나 감동적인 소설작품도 문화관광상품의 소재로서 손색이 없다. '영암 왕인 축제', '평창 효석 문화제', '남원 춘향제' 등은 인물과 소설작품을 관광상품으로 개발한 경우이다.

외국의 경우도 영화나 소설·예술작품의 배경으로 유명해진 지역을 관광명소로 개발하여 작품의 감동과 관광을 연계시키려는 노력을 기울이고 있다. 대중적인 영화 한 편에 불과한 '로마의 휴일'을 통해 로마 곳곳의 관광명소가 세계에 알려지게 되고, 역으로 영화에서 배경으로 등장한 곳을 방문하기 위해 관광객이 몰려드는 현상은 현대 관광의 추세를 잘 반영한다 하겠다.

그림 2.10　무주 반딧불 축제

그림 2.11　효석문화제

그림 2.12　보성다향제

제3장
Marketing(동원계획, PR계획)

1. 광고

광고는 예산계획에 따라 허용수준에서 매체별 효과를 고려해서 광고계획을 수립하여야 한다. 광고의 종류에는 전파인 TV, 라디오, 케이블 TV, 전광판, 지역유선방송 등이 있고 인쇄매체에는 신문, 잡지, 주간지, 사보, 관보, 회보, 협회보 등이 있다. 인쇄매체 홍보는 크게 행사 이미지광고와 특집기사 및 일반기사 등을 중심으로 진행된다. 예산이 수반되는 신문 및 잡지광고를 진행하되 보도자료 제공을 통한 보도성 홍보를 중점적으로 추진해 행사의 신뢰도를 높이고 한편 다양한 계층에게 행사의 추진상황과 당위성을 알리는데 중점을 둔다. 주로 대중매체를 통해 이루어지고, 불특정 다수에게 일방적인 전달의 기능을 담당한다. 단시간에 넓은 지역의 전달은 가능하지만, 행사나 축제에서의 광고는 많은 제작비가 투자되는 반면, 그다지 큰 효과를 지니지 못하는 것으로 나타나고 있다. 따라서 일방적인 광고는 지양되어야 하며, 적은 예산으로 효과를 높이기 위해서는 광고보다는 홍보전략의 수립에 주의를 기울이는 것이 더 바람직하다 하겠다.

표 3.1 신문광고 주요 지면 광고료

면별		색도	단가	규격번호 컬럼*단	광고료
본판	1면	컬러	1,272,000	12 04	61,056,000
	2, 3면	컬러	615,000	12 05	36,900,000
	사회면	흑백	555,000	12 05	33,300,000
	4, 5면	컬러	555,000	12 05	33,300,000
		흑백	460,000	12 05	27,600,000

면별		색도	단가	규격번호 컬럼*단	광고료
본판	사회 2면	컬러	615,000	12 08	59,040,000
		흑백	555,000	12 08	53,280,000
	뒷면	컬러	585,000	12 15	105,300,000
		흑백	555,000	12 15	99,900,000
섹션	1면	컬러	615,000	12 05	36,900,000
	뒷면	컬러	460,000	12 15	82,800,000

그림 3.1 전광판 광고

그림 3.2 한화 사보

그림 3.3 삼성 사보

그림 3.4 한인 회보

그림 3.5 2005 대구 e-Sports Festival 신문매체 홍보 시안

2. 홍보

일반적으로 마케팅에서의 홍보는 비용을 들이지 않고 이슈포인트(issue point), 즉 기사 거리를 언론매체에 제공하는 행위, 다시 말해서 보도 자료를 작성하여 각 매체에 언론플레이(play)를 하는 것을 말한다. 홍보의 목표는 결국 광고비를 들이지 않고 최대한 언론에 많이 노출되게 함으로써 판매를 신장시키는 것이다.

행사나 축제의 홍보도 마찬가지이다. 어떻게 하면 축제의 긍정적 이미지를 최대한 언론에 노출시켜 관광객을 많이 유인하느냐 하는 것이 문제인 것이다. 이를 위해 홍보의 기본방침을 수립하고, 홍보효과를 극대화시킬 수 있는 수단을 개발하는 것이 홍보의 관건이다.

최근에는 직접적인 의미의 홍보 외에도 다양한 홍보방법이 모색되고 있는데, 다큐멘터리·드라마·영화·음악·비디오 등의 배경지로 지역을 삽입시킴으로써 간접적인 방법이긴 하나 상영물의 인기도에 편승한 홍보효과를 얻을 수 있다.

❶ 홍보의 기본방침 설정

홍보활동을 시작하기에 앞서 우선 홍보에 관련된 기본방침을 설정해야 한다. 홍보의 기본방침은 홍보대상의 성격에 따라 유동적이지만, 여기서는 축제에서의 기본적인 홍보방침을 몇 가지 항목으로 나누어 보았다.

① 축제에서 홍보의 궁극적인 목표는 관광객 유치이기 때문에 여기에 기본목적을 둔 사전 홍보기간을 충분히 확보한 후 단계별 홍보전략을 실시해야 한다.
② 국내 관광객 수요증가를 위한 홍보와 함께 국제 자매결연도시 구축 등을 통한 월드 와이

드(world wide) 홍보를 진행한다.

③ 여행사·운송사 등과의 패키지 개발로 홍보사업을 다각화 한다.

④ 행사기간 중 프레스 센터(press center)를 운영하여 완벽한 프레스 대응에 만전을 기한다.

❷ 단계별 홍보전략 수립

홍보에 대한 기본방침이 수립되고 나면 단계별로 어떠한 홍보전략을 전개할 것인지에 대해 결정해야 한다. 일반적으로 홍보는 3단계로 나누어 단계별 목적에 따라 적절한 전략을 수립한다.

① 1단계

홍보의 1단계는 사전 홍보 전개기이다. 이 시기에는 축제의 이미지를 형성하게 되며, 일반인들의 주목을 끌어 일식을 시키는 것이 목적이다. 매체에 대한 홍보로는 기획기사와 특집기사를 유도하는 데 역점을 두고, 인쇄물을 통해서는 축제 참가방법을 알리고, 포스터를 부착하여 축제에 대한 인지도를 높이는 데 주력해야 한다.

② 2단계

2단계는 축제 개최시기의 홍보단계이다. 이때는 축제의 이미지 정착기로 일반인에게 축제에 대한 확실한 인식을 시키고, 이해를 도모하여 태도변화, 즉 방문으로 이끌도록 하는 것이 목적이다. 홍보단계 중 가장 집중을 요(要)하는 단계이다. 이 시기에는 각종 매체를 통하여 최대한의 행사정보제공이 이루어지도록 해야 하며, 팜플릿 등 인쇄물을 배포하여 축제에 대한 메리트(merit)를 가능한 많이 인식시키도록 해야 한다.

③ 3단계

3단계는 최종 홍보기로 축제가 진행되는 동안에 이뤄지는 축제 이미지 전달기로 볼 수 있다. 이 단계에서는 축제현장의 프레스 센터 운영을 체계적으로 실시하고, 각 매체를 통해 축제의 화젯거리를 제공함으로써 일반인의 행동을 유발하도록 하는 것이 핵심이다. 홍브 전기간을 통해 팜플릿 등 인쇄물 배포는 지속적으로 이루어져야 한다.

❸ 새로운 홍보전략의 개발

관광객을 축제장소로 오도록 만드는 것은 결국 다양한 채널(channel)을 통해 축제의 장점과 차별성을 홍보하는 결과이기 때문에 기존에 사용되는 홍보전략보다 더 효과적인 홍보전략을 개발하는 것이 홍보의 성공 여부를 결정짓는 열쇠가 된다. 또한 기존의 홍보전략들을 좀 더 효율적으로 활용하는 방안의 강구도 필요하며, 다양한 홍보전략을 어떤 순서로 전개하는지도 결과에 영향을 미칠 수 있다.

다음은 저자가 개발한 홍보전략 및 전개순서로 기존의 무작위식 홍보전략과는 달리 참신하고 효율적인 방법이므로 참고하기 바란다.

① Zine : 자체 홍보 잡지 발행

② Web : 홈페이지 개설

③ 문화·예술 미인(G.O) 선발대회

④ 발기대회 겸 발전 세미나(seminar)

⑤ 프래스 릴리스(press release) : 기자, PD, 여행사 대표 팸투어(pam tour)

⑥ Pre-PR : 한국관광공사 홍보전시관 내 전시행사

⑦ 플랜카드 설치

⑧ 포스터 부착 및 리플릿 배포

⑨ 보도자료 : TV·신문·잡지 등 보도화

그림 3.6 리얼판타스틱 영화제 기자

- 매회 다른 지역을 테마로 그 지역의 관광지, 숙박, 교통, 이벤트 등의 지역정보를 한 눈에 볼 수 있다.

그림 3.7 한국관광공사 지역홍보관

- 한국 드라마, 영화, 음악 등의 문화컨텐츠를 접할 수 있도록 꾸며진 공간으로 한류스타들의 등신대도 설치되어 함께 사진을 찍는 코너와 한류스타의 핸드 프린팅 전시 코너도 마련되어 있다.

그림 3.8 한국관광공사 관광기념픔 코너

그림 3.9 한국관광공사 이벤트 홀

3. 판촉

마케팅에서의 판촉은 고객의 행동이 직접 소비와 연결되도록 하는 일련의 행위를 말한다. 즉 판촉은 홍보전략의 실행을 가리킨다. 홍보단계에서 기본방침, 단계별 홍보전략, 새로운 홍보전략개발 등을 통해 홍보계획이 수립되면, 이를 실행으로 옮기는 것이 판촉이다. 판촉에서는 홍보전략을 차례대로 전개하는 것이 가장 중요하다. 순서가 뒤섞이면 효과가 줄어들게 된다는 사실을 명심하기 바란다. 인쇄홍보물을 제작하여 주요 공공기관 및 단체, 관광안내소, 터미널, 휴게소 등 다중 집합장소에 배포·비치하여 일반인들에게 직접 전달될 수 있도록 하고 주요행사 연계홍보나 각종 설명회 참석자, 초·중·고등학교 방문 시에도 적극적으로 활용한다. 또한 관련 종사자, 문화원, 언론사, 해외기관 등에 DM발송하고 행사 직전에 제작된 행사장용 리플렛은 행사장을 방문한 관람객에게 배포되어 관람객에게 필요한 정보를 제공한다.

판촉에서는 비용을 적게 들이고 원하는 고객을 공략하여 전달 할 수 있는 이점이 있다. E-mail, 포스터, 브로슈어, 리플릿, 초대장, 상품권, 넓은 의미에서는 이벤트, 엑스포 박람회장까지 판촉의 수단으로 이용될 수 있다.

❶ 포스터

주요 공공장소 및 관련 기관 및 단체에 부착하여 행사 고지 및 국민적 공감대 형성과 관심을 제고시킨다.

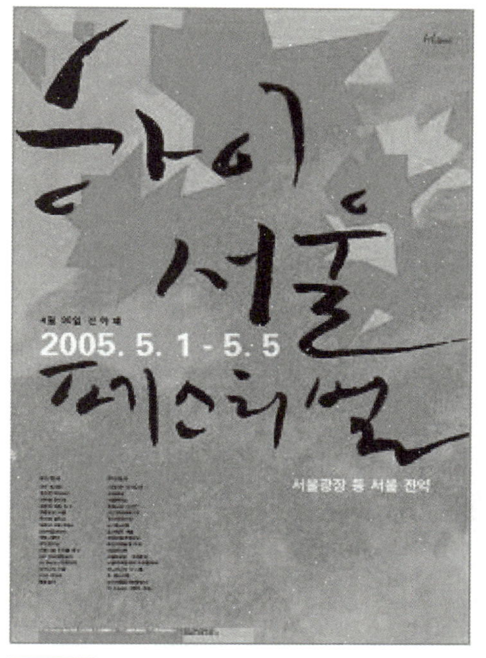

그림 3.10 하이 서울 페스티벌 포스터

그림 3.11 부천만화축제 포스터

그림 3.12 부천판타스틱영화제 포스터

그림 3.13 2005 대구 e-Sports Festival 포스터

그림 3.14 2005 대구 e-Sports Festival 포스터

❷ 브로슈어

행사개요, 조직위원장 인사말, 전시구성, 행사구성, 체험행사, 주변관광지 안내, 교통편 안내 등의 정보를 충실히 담아낸 브로슈어는 초·중·고등학교 및 관련대학, 여행사, 협회 등에

배포하여 행사에 대한 상세한 정보를 제공한다. 또한, 해외관람객 유치를 위해 영어, 일어, 중국어판으로 제작하여 국내외 공관 및 외국 관광기관, 해외 관광안내소 등에 발송한다.

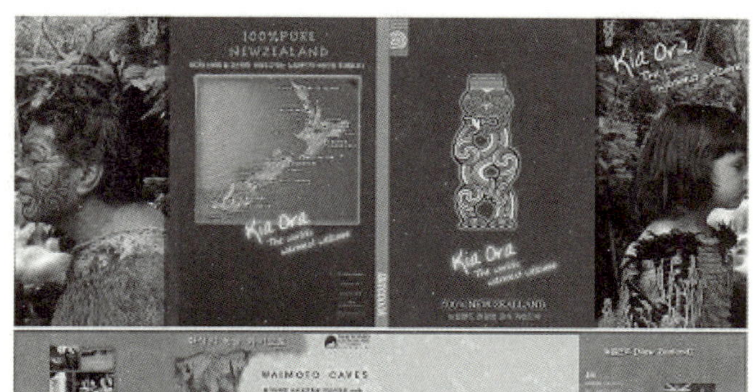

그림 3.15 뉴질랜드 관광 브로슈어 예

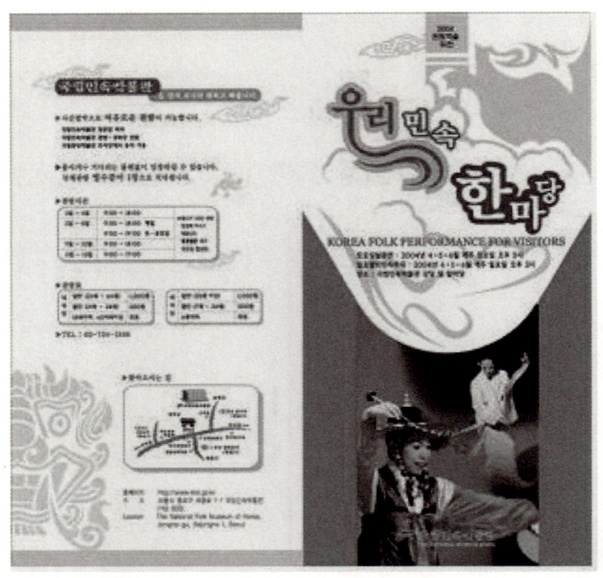

그림 3.16 민속박물관 브로슈어

③ 리플릿

　리플릿은 일반인들에게 대량으로 배포하는 홍보물로 행사에 대한 전반적인 내용과 함께 입장요금, 지역 소개 등을 담아 주요 공공장소 및 기타 홍보활동 시 광범위하게 활용한다. 특히 해외 관람객 유치를 위해 영어, 일어, 중국어판으로 제작하여 홍보한다. 또한 행사기간 동안 활용할 리플릿은 행사장을 방문하는 관람객의 편의를 돕고자 관람순서 및 각 전시관별 핵심주제를 설명하고, 행사기간에 펼쳐지는 각종 이벤트 행사에 대한 소개 및 세부 일정표를 게재한다.

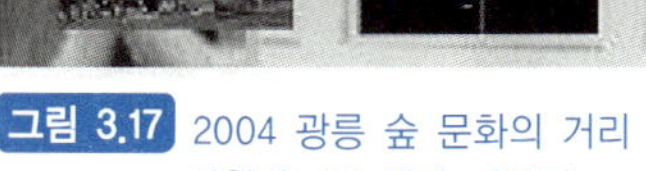

그림 3.17 2004 광릉 숲 문화의 거리 정월대보름 행사 리플릿

그림 3.18 청원군 리플릿

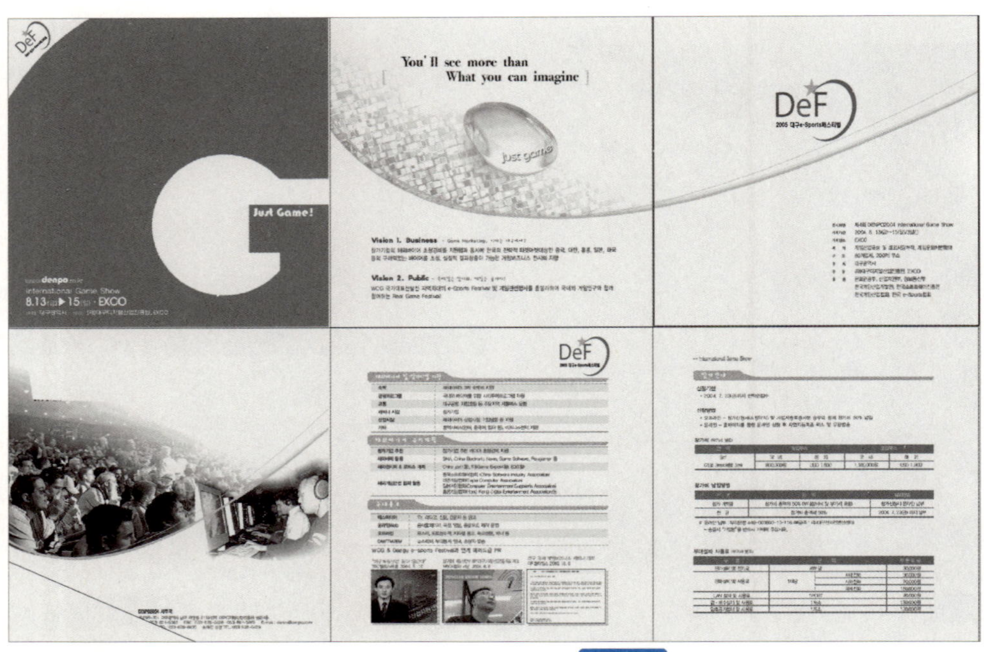

그림 3.19 2005 대구 e-Sport Festival 리플릿

❹ 메일링

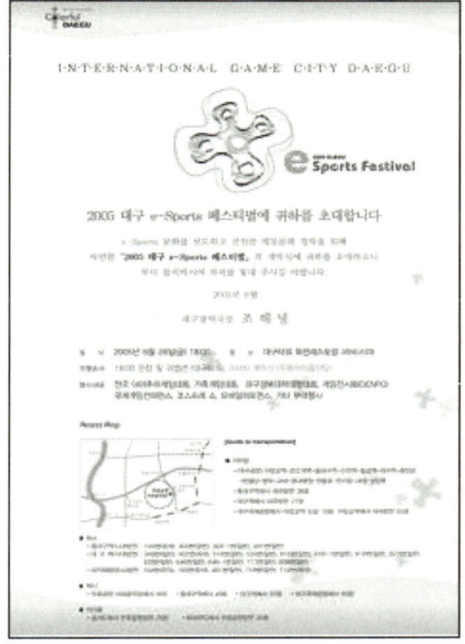

일반용

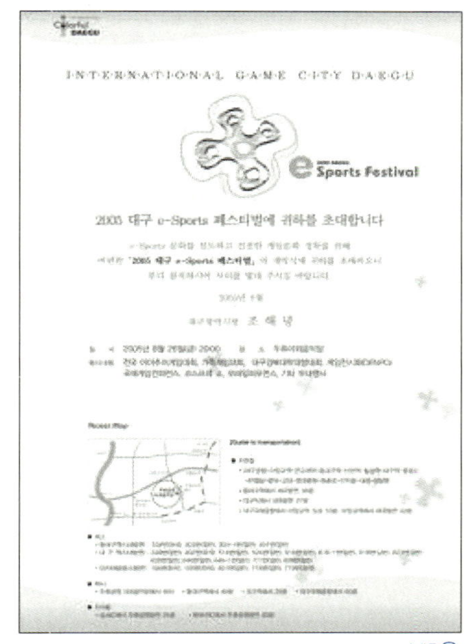

VIP용

 메일링

❺ 초청장

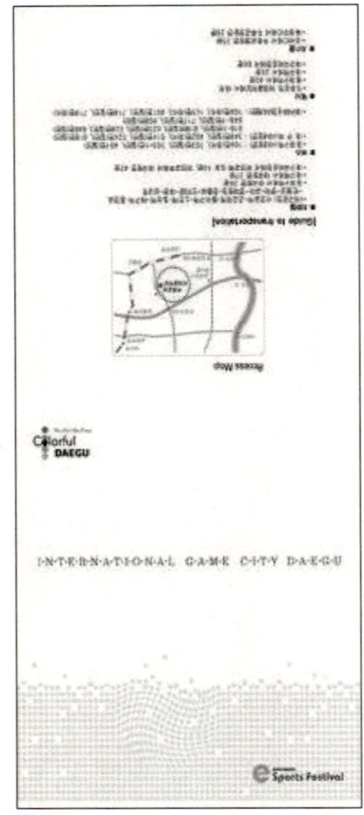

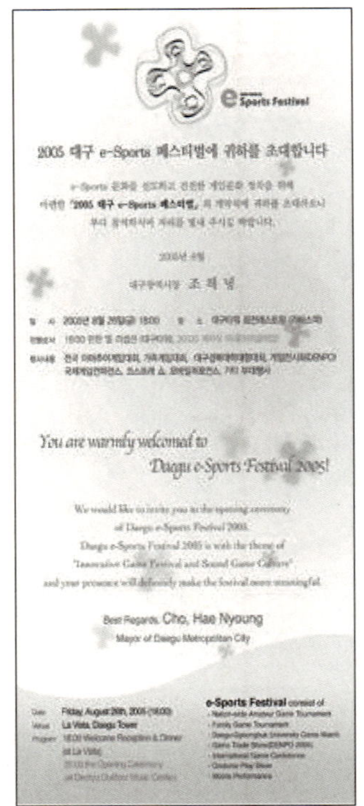

그림 3.21 메일링

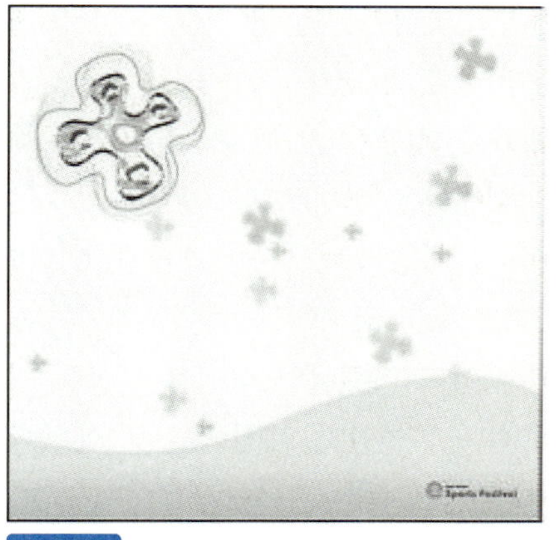

그림 3.22 초청장 겉표지디자인

그림 3.23 초청장 속지디자인

그림 3.24 봉투 이미지

4. Cyber(사이버)

사이버 마케팅은 각종 PC통신과 인터넷을 이용한 방법으로서 방대한 양의 정보를 신속·정확하게 전달할 수 있어 그 가치를 인정받고 있다. 행사의 조직위원회에서는 사전 분위기 조성을 목표로 PC통신 및 인터넷 홍보를 통한 행사 알리기를 비롯하여, 사이버 공간 내의 각종 동호회 회원들을 상대로 홍보활동을 전개하여 축제로 유인하도록 해야 한다.

사이버 마케팅 수단으로는 배너광고, 컨텐츠 광고, POP-UP광고, 사이버홍보단활동, 사이버 이벤트프로모션, 검색엔진등록, 홈페이지링크 등을 통해 홍보효과를 얻을 수 있다.

또한 사이버 마케팅의 장점인 쌍방향 커뮤니케이션 특성을 이용하여, 관광객들이 축제에 바라는 점이 무엇인지, 개선해야 할 점은 무엇인지 등을 행사 전·후·도중에 수시로 체크하여 이를 축제에 곧바로 반영시킴으로써 고객이 원하는 축제가 될 수 있도록 해야 할 것이다. 또한 사이버상에서의 실시간 다양한 소식을 원활하게 접할 수 있도록 관리 및 업그레이드(Upgrade)가 필요하다. 그래서 커뮤니티를 생성하여 활성화할 수 있는 전략의 장으로 나아가야 한다.

❶ 메신저 전광판 광고

전하고 싶은 메시지나 홍보하고 싶은 내용을 예약해서 일정기간 동안 채팅창 하단이나 메신저의 한쪽 면에 광고 내용이 흘러가는 형태로 보여진다.

❷ 배너광고 예

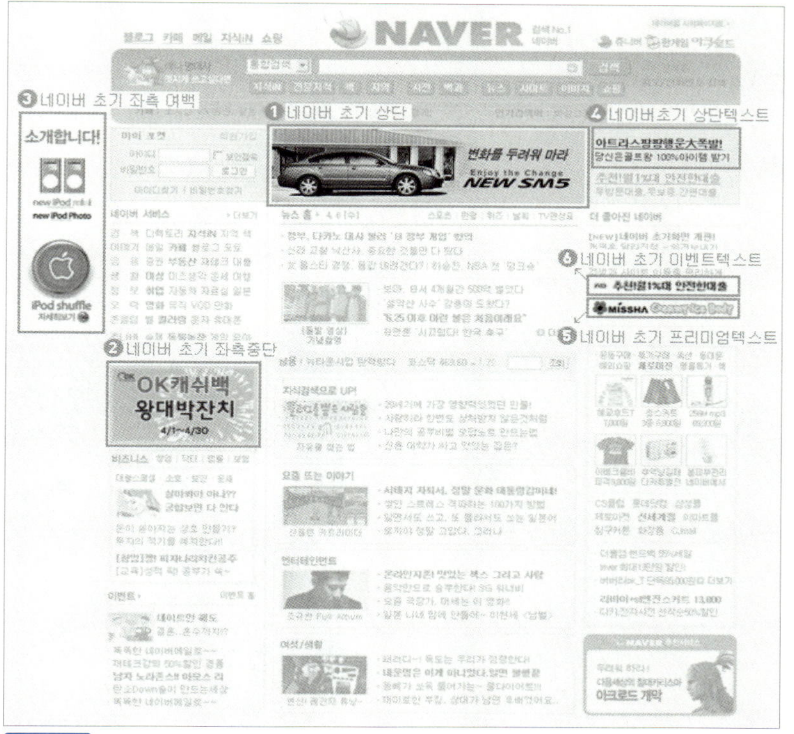

그림 3.22 자료출처 : http://www.keywordon.com/banner/naver.php

❸ POP-UP광고

팝업은 기존의 이메일 광고나 게시판 광고가 강력한 법적대응과 현저한 효과 저하로 어려워지자 새롭게 개발된 광고 서비스를 말한다.

이메일 광고나 게시판 광고의 불쾌감을 최소화하고 더욱 저렴한 비용으로 일일 4,000명 이상의 고정 방문자를 만드는 차세대 획기적인 마케팅 서비스이다.

유저가 일정시간 PC를 사용하지 않았을 때 팝업이 뜨는 방식과 하루 2회 이상 실행되지 않게 프로그램이 구성되어 유저가 불쾌감 없이 최대의 효과를 얻도록 되어있다.

그림 3.23 나뚜루 구아바의 팝업광고
출처 : http://image.clickbox.co.kr/event

그림 3.24 서태지 다큐멘터리 팝업광고 이미지
출처 : http://image.clickbox.co.kr/event

❹ 검색엔진등록

검색엔진 등록이란, 검색엔진에서 사업자의 사이트가 검색이 될 수 있도록 홈페이지 정보를 등록하는 것이다.

검색엔진 사이트를 찾는 사람들은 정보나 상품을 찾는 구체적인 목적이 있다.

행사나 축제의 웹사이트가 검색엔진에 등록되어 있지 않아 정보를 찾으려는 사람들이 웹사이트를 찾을 수 없다면, 고객은 웹사이트를 찾아올 수 없다.

검색엔진에 사이트를 등록해야 비로소 검색의 대상이 되어 검색결과에 반영되는 것이며, 특히 검색엔진 등록은 거의 비용이 들지 않는 프로모션에 속하므로 웹사이트를 통해 홍보, 판매를 하려는 사업자에게 있어서 매우 중요한 마케팅 수단이 되고 있다.

❺ 키워드 광고

키워드 광고란 검색엔진에서 사용자가 특정 키워드로 검색했을 때 광고주의 사이트가 노출되어 높은 클릭률을 보이는 효과적인 유료 광고 서비스이다.

광고주가 원하는 키워드로 사용자가 검색했을 때에만 광고를 내보임으로써 광고주의 서비스를 이용할 가능성이 매우 높은 잠재고객에게만 광고를 내보이는 타겟화된 광고기법으로 기존의 온라인 광고 보다 브랜딩 효과가 뛰어나며, 최근 온라인광고 중에서 비용대비 효과가 가장 높은 마케팅 툴로 각광 받고 있다.

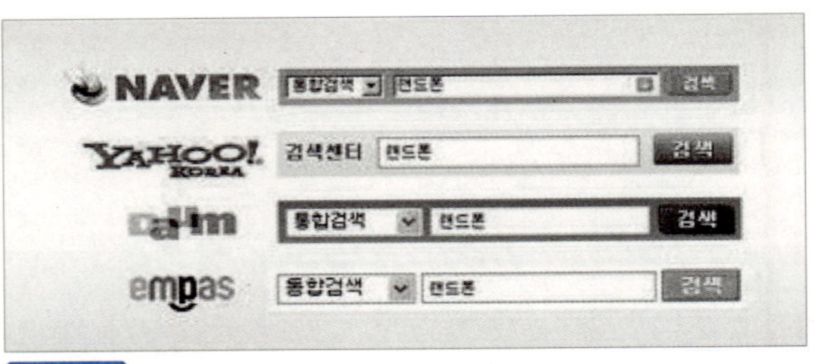

그림 3.25 출처 : http://whoisad.whois.co.kr/keyword

❻ 오버추어 광고

오버추어 광고란 특정검색어의 검색 결과가 오버추어 광고에 한번 등록으로 국내 20여 개 (네이버, 다음, 야후, 하나포스 등) 포털 사이트의 최상단 스폰서 링크 위치에 '사이트 제목, 사이트 설명, URL' 형식으로 동시에 노출되는 광고다.

기존의 배너 광고처럼 노출되는 것만으로는 비용이 발생하지 않고, 고객이 '클릭'해야만 비용 발생하고, 광고진행에 대한 실시간 자유로운 ON/OFF기능으로 좀 더 유연한 광고 집행이 가능하다.

또한, 타 검색사의 엄격한 사이트명 및 설명문 작성 기준과는 달리 각 키워드 별로 각기 다른 사이트명과 설명문 게재가 가능하다.

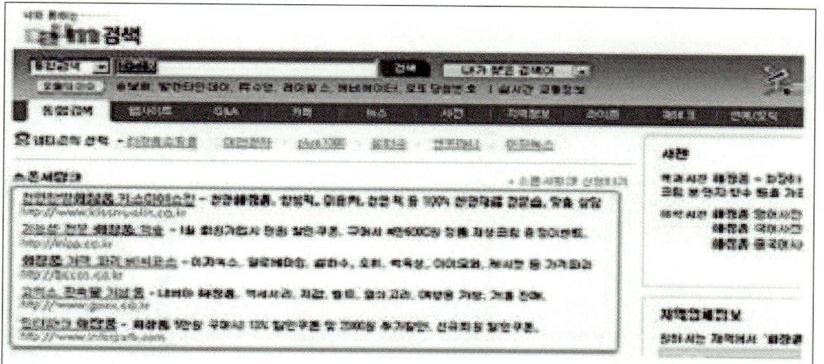

그림 3.22   출처 : www.daum.net

5. Mobile · DMB

(1) Mobile

모바일 광고는 휴대전화를 통해 소비자에게 직접적인 일대일 마케팅을 하는 광고 형식이다. 개인화된 매체로서 원하는 시간 원하는 장소에 광고를 집행할 수 있는 매체로 음성, 문자, 동영상 등 다양한 반응 형태를 선택 할 수 있는 매체이다. 저렴한 비용으로 최대의 효과를 올릴 수 있는 가장 효과적인 매체라고 할 수 있다.

대표적인 모바일 광고로는 문자메시지를 통한 SMS광고가 있다. 이는 광고주가 이동통신사업자와 계약을 맺고 성별·연령별·지역별로 상품구매에 적합한 휴대전화 가입자들을 찾아 광고서비스를 제공하는 것이다. 무차별적으로 제공되는 스팸메일과는 달리 제품 성격에 맞는 소비자들에게 정보를 제공하여 실질적인 구매효과를 높이고자 한다.

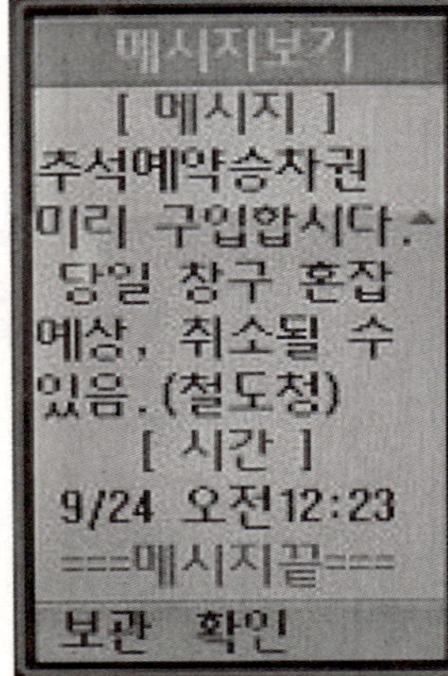

그림 3.23 철도청 SMS광고

• SMS 문자전송 서비스 (SMS)광고는 단문 메시지를 이용하여 문자 형태의 광고를 고객의 휴대폰으로 전송하는 광고이다

• Mobile Coupon은 이벤트참여, 할인, 시사회 등 광고주의 다양한 캠페인을 쿠폰의 형태로 고객에게 제공하여 고

그림 3.23 모바일 광고

객이 휴대폰으로 전송받아 쉽고 편리하게 광고주의 캠페인에 참여할 수 있도록 하는 광고
상품이다.

• Ad-Shopping은 다양한 Mobile 광고 툴로 Targeting된 고객에게 판매상품을 노출하여
Mobile상에서 상품구매가 가능하도록 구성된 상품광고 및 판매서비스입니다.

디지털 방송의 총아로 떠올랐던 데이터 방송, 즉 양방향 서비스가 아직 제대로 시작도 되
지 못한 가운데 DMB(Digital Multimedia Broadcasting)라는 뉴미디어가 또 우리에게 등장했다.
법적인 용어로는 '이동멀티미디어방송'인 DMB는 지상파 혹은 위성을 이용하여 이동하면서
라디오나 데이터 방송의 시청은 물론이고 텔레비전 프로그램을 시청할 수 있는 획기적인 서
비스다.

(2) DMB

Digital Multimedia Broadcasting

디지털멀티미디어방송(DMB)은 음성·영상 등 다양한 멀티미디어 신호를 디지털 방식으로 변
조, 고정 또는 휴대용·차량용 수신기에 제공하는 방송서비스로, '손 안의 TV'라 불린다.

디지털 라디오용 기술인 DAB(Digital Audio Broadcasting)에 바탕을 두고 있으며, 여기에 멀
티미디어 방송 개념이 추가되어 동영상과 날씨·뉴스·위치 등 데이터 정보를 추가로 보낼 수

있는 서비스이다. 이동 중에도 개인휴대단말기나 차량용 단말기를 통해 CD · DVD급의 고음질 · 고화질 방송을 즐길 수 있어 차세대 방송으로 주목받고 있다.

한편 2004년 3월 DMB과 데이터방송 등 새로운 방송서비스 도입을 규정한 방송법 개정안이 국회를 통과하여 DMB사업을 위한 법적 근거가 마련되었다.

지상파 DMB와 위성 DMB 두 종류가 있다.

● 위성 DMB

위성 DMB는 위성을 이용한다. 위성 DMB용 방송센터에서 프로그램을 위성으로 송출하면 위성은 이를 전파를 통해 전국의 DMB단말기에 뿌려주는 형식이다.

위성 DMB는 SK텔레콤이 2002년부터 일본 MBCo와 사업협력 계약을 맺고 위성DMB 사업을 추진하기 시작했다. 2004년 3월에는 SK텔레콤과 MBCo간 공동으로 사용할 위성 '한별'을 쏘아 올렸다.

현재 위성 DMB 사업권을 획득한 업체는 SK텔레콤를 중심으로, 삼성전자 등 150개 업체가 참여해 설립한 'TU 미디어'란 회사가 유일하다. 'TU 미디어'는 2005년 1월 10일부터 위성 DMB 시험 방송을 시작했고 5월 1일부터 본 방송을 시작했다.

위성 DMB를 이용하기 위한 가입비는 2만원, 월 이용료는 1만 3천원이다.

● 지상파 DMB

지상파 DMB는 지상에서 주파수를 이용하여 프로그램을 전송한다. 따라서 현재 비어있는

VHF 12번 채널과 군사용인 8번 채널을 이용한다. 또 위성 DMB와 달리 지상의 기지국을 통해 방송신호가 송출된다.

1월 10일 지상파 DMB 사업자군에 대한 허가추천 신청서류 접수 마감 결과, 모두 10개 법인이 참여했다. 그 중 6개 업체가 사업자로 선정되었다. 선정된 업체 가운데 지상파 TV 사업자군에서는 KBS · MBC · SBS 3개 방송사가, 비지상파TV 사업자군에서는 KMMB · 한국 DMB CBS · YTN DMB 등 3개 컨소시엄이 선정됐다.

지상파 DMB는 5월 이후 선보일 예정이며 서울과 수도권에서만 무료로 서비스된다.

6. PR(Public Relation)

넓은 의미에서 PR은 커뮤니케이션 개념으로 서로 협의(Publicity)하는 개념이다. 인간적으로 접촉을 해서 신뢰를 형성하여 지속적인 대화를 통해 쌍방향 커뮤니케이션으로 이끌어 낼 수 있는 공익성과 진실성에 원칙을 둔다. 행사나 축제에서 PR전략은 대중을 끌어들이기 위한 중요한 과정 중 하나이다. 이때는 지역 관련단체를 규합하여 행사 이미지를 전파하는 수단으로 이용해야 한다. 관련단체는 지역주민의 대표자격으로 지역 내에서 활동하는 사람들이므로 지역주민들에게 미치는 영향력은 그 어느 단체보다 클 것이다. 예를 들어 시원로를 포함하여 지역 내에서 활발하게 활동하는 JC회원들과 상가번영회, 각종 진흥원·부녀회 등의 대표들을 조직위원으로 영입하게 되면, 자발적인 지역주민의 참여를 이끌어내는 데 가장 효과적일 것이다. 또한 각종 동우회, 교육기관의 장들을 조직위원으로 영입하는 것이 중요하다. 여기서는 재외향우회와 동창회 및 지역출신 연예인 등 다른 지역에서 활동하고 있는 지역출신자들을 통한 홍보효과도 기대할 수 있다. PR의 특성으로는 직접적인 비용을 들이지 않고 프로모션을 할 수 있지만 실질적으로는 매체별 특성과 인맥, 지속적인 관리 등으로 비용이 들어간다. 하지만 광고보다 비용이 훨씬 적고 신뢰도가 높으며 효과적인 것이 특징이다.

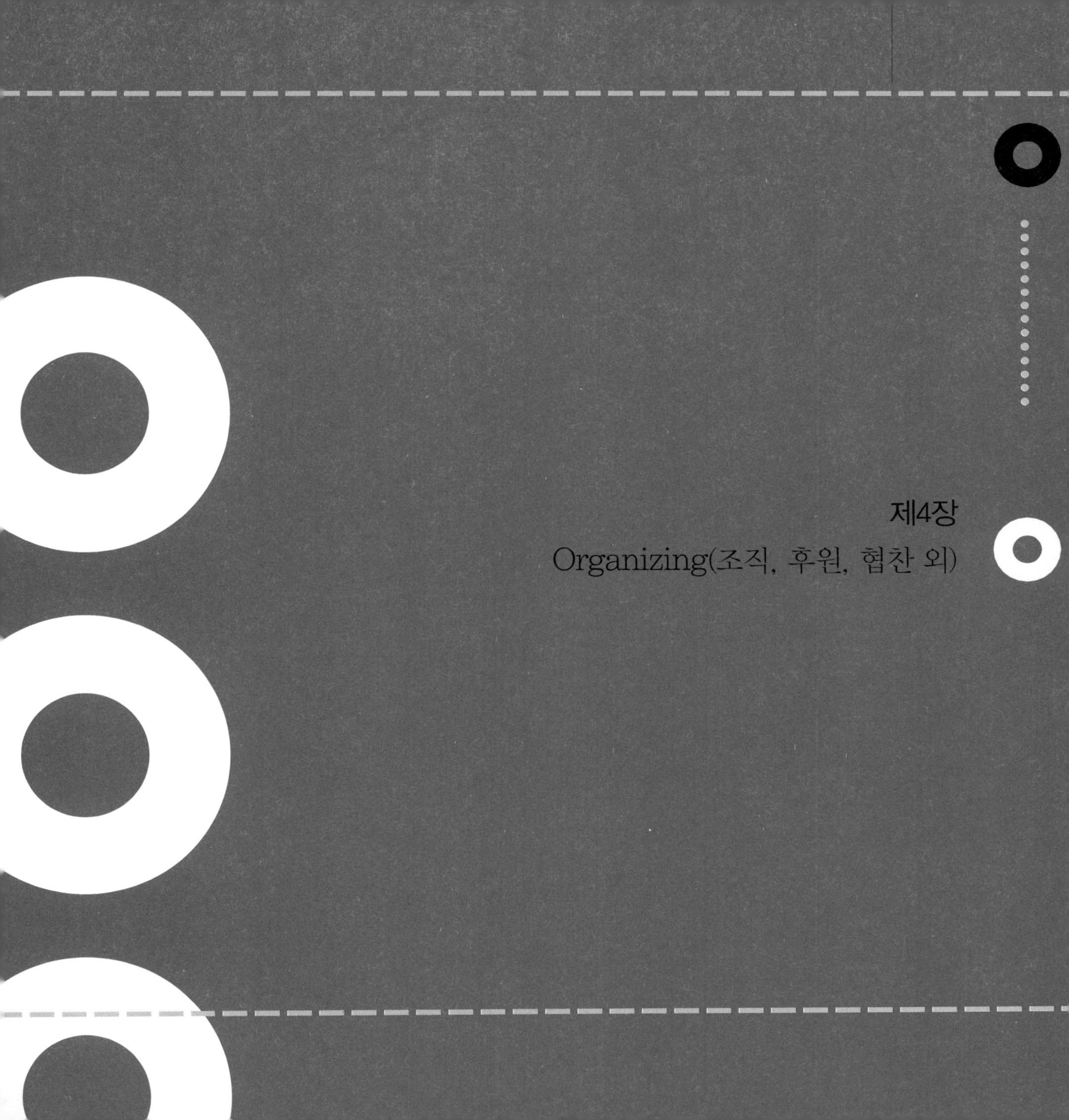

제4장
Organizing(조직, 후원, 협찬 외)

1. 조직위원회 · 추진위원회

표 4.1 운영 조직도

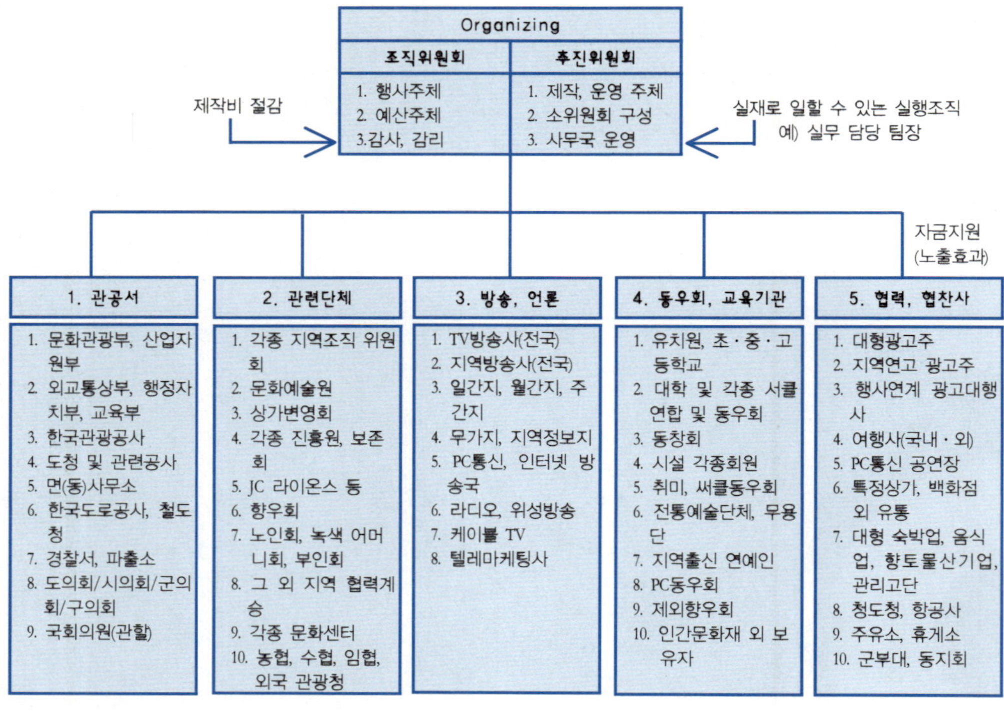

행사의 운영조직은 크게 조직위원단, 추진위원단, 자문위원단의 세 분류로 나눌 수가 있다. 그 중 총괄책임을 지는 Culture Naming Committee는 조직위원회와 추진위원회로 나뉘게 된다. 행사·예산 주체, 감사, 감리 등 큰 흐름은 조직위원회에서 잡아주되 행사의 모든 세부구성이나 제작, 사무국 운영, 전체진행 등은 추진위원회에서 맡게 된다.

(1) 조직위원회

행사의 전체 주최를 맡고 행사의 모든 권한을 보유하고 있는 조직위원회는 지적재산권을 포함한 예산을 책임지는 실체이다. 또한 감사, 집행을 담당하며 지역주민을 대변하는 곳으로 대부분 조직위원장은 그 지자체의 장이 역임하게 된다.

이상적인 조직위원회 구성 비율은 관련 행정기관 20%, 전문가 20%, 방송언론기관 20%, 각종 관련단체 20%, 후원·협찬기관 20%로 5개 부분이 고르게 분포하도록 구성하는 것이 바람직하다. 표를 참고하여 조직 위원회의 구성을 살펴보기로 하자. 후원·협찬부분은 뒤에서 살펴보기로 한다.

❶ 관공서

조직위원회를 구성하기 위해서는 적당한 명분과 실리를 제시하여 상대를 유인하게 되는데, 그 순서는 당연히 관련 관공서가 되어야 할 것이다. 관공서의 협조를 받아야만 원활한 행사 진행이 가능하기 때문이다. 관련관공서는 행사장소 및 시설의 승인, 행사관련 제반 협조사항,

행정적 편의사항 등을 협조할 수 있다. 세부적인 협조부분을 들여다보면 다음과 같다.

- 경찰서 : 행사관련 안전유지와 교통· 병력동원 및 기타 민원 지원 사항
- 인근병원 : 관련 업무지원 및 응급사고 대비와 예비인원파견 지원
- 소방서 : 화재진압과 행사장 식수를 비롯한 관련 비식수 동원 협조
- 지역전화국 : 행사장내 임시 전화 가설, 일반인을 배려한 임시전화 설치

이러한 협조가 없이는 행사진행상에 필요한 모든 승인절차에 어려움을 겪게 되어 원하는 행사를 제대로 개최할 수 있게 된다. 또한 관공서가 조직위원회에 합류하여야만 행사의 공신력을 확보할 수 있게 되어 다른 후원과 협찬을 이끌어내는 데 많은 도움을 얻을 수 있다.

이런 의미에서 문화관광부 축제심의위원을 조직위원으로 영입하는 것은 의의가 크다. 장기적으로 볼 때 문화관광부의 축제지원의 혜택가능성을 높일 수 있기 때문이다.

❷ 관련단체

관련단체의 조직위원 영입은 지역의 실질적인 세력들을 영입한다는 차원에서 중요하다. 결국 지역주민의 대표자격으로 지역 내에서 활동하는 사람들이므로 지역주민들에게 미치는 영향력은 그 어느 단체보다 클 것이다. 자발적인 지역주민의 참여를 이끌어 낼 수 있는 효과적인 부분일 것이다.

또한 그 지역의 다른 행사 조직위원회와의 연계도 중요하다. 결국 이들은 모두 지역의 이미지 홍보와 지역발전이라는 동일한 목적을 위해 활동하기 때문에 서로 협조할 수 있는 부분

이 많을 것이다.

❸ 방송 · 언론

방송과 언론사를 조직위원회에 포함시켜야 하는 것은 전국적인 홍보력을 확보하기 위해 가장 필요한 부분이다. 방송과 언론사 관계자가 조직위원으로 영입되면, 각종 매체를 통한 언론 플레이에서 많은 도움을 받을 수 있을 것이다. 지역문화축제는 결국 더 많은 관광객의 확보와 그로 인해 경제적 수입으로 성공 여부를 판가름하게 된다고 할 때, 매체를 통한 홍보는 가장 중요한 부분이 아닐 수 없다.

❹ 동우회, 교육기관

여기서는 재외향우회와 동창회 및 지역출신 연예인 등 다른 지역에서 활동하고 잇는 지역출신자들을 통한 홍보효과도 기대할 수 있다. 지역축제의 홍보 채널 중 인적홍보는 매우 효과적인 방법이라고 한다. 그러므로 지역출신들의 홍보활동을 진작시키기 위한 방법으르서도 지역주민들로 이루어진 각종 동호회에 축제참여 명분을 제시하는 것이 중요하다.

또한 전통예술단체와 무용단 및 지역출신 연예인을 조직위원으로 영입하는 것은 이들을 본 행사의 공연에 출연 · 섭외하는 확실한 방법이 될 수도 있다.

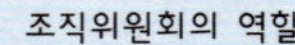

조직위원회의 역할

- 종합 기본계획 및 세부 실행계획의 수립
- 실행업체 선정
- 운영위원회 구성 및 회의 진행
- 총감독 선정
- 후원기관 참여요청 등 유관 기관과의 업무 협조 및 지원 대책 추진
- 지역주민 참여대책 및 행사 홍부사업 추진
- 조직위원회 예산 및 세출 등 집행 및 정산
- 실행업체 계약 및 각종 용역업체 및 관련업체의 계약
- 사업비 정산에 대한 업무(각종 보조금 집행에 관한 업무, 문서관리, 후생복지업무 등)
- 행사 관리에 대한 업무와 결과 보고서 작성, 성과 보고서 작성
- 추진 상황 심사분석, 각종 지시사항 처리

(2) 추진위원회

추진위원회는 실질적인 행동의 주체로 제작 및 진행·연출을 책임지는 곳이다. 제작·운영 부분에서는 행사에 필요한 모든 지원을 담당하며 특히 기획파트에서는 행사의 기획·인원 섭외·참가자 관리·행사본부 운영과 대외 섭외·재무를 담당한다. 그 밖의 조직은 행사의 운영을 총괄하는 운영총괄 조직위원회를 위시하며 현장에서의 교통통제·동선·의전·홍보·행사지원·연출에 해당하는 역할을 담당한다.

❶ 교통통제

주도로 및 주변도로의 차량운행을 통제하고, 원활한 소통유도를 담당하는 부분과 행사장내 주차 공간 확보 및 주차장 관리, VIP와 기자들 전용차량의 출입을 도와주는 임무를 맡는다. 지역의 경찰서에서 협조를 받아 진행시킨다.

❷ 동선관리

관람객의 안전과 직결되는 부분인 만큼 체계적인 진행이 이루어져야 한다. 무대에서는 출연자관리를 담당하는 인원이 배치되어야 하며, 객석과 무대 주변의 관리요원은 행사장 내의 혼란을 막기 위한 관객동선 유도에 최선을 다해야 한다.

❸ 의전

출연진이나 VIP들의 경호, 안전, 의전을 맡게 되는 영역이다. 사전에 의전 대상자의 리스트를 작성하여 대상자의 일정을 체크하여 담당 도우미를 통해 실수 없이 진행될 수 있도록 하는 것이 중요하다.

❹ 지원

행사에 필요한 모든 지원을 담당하는 팀이다. 본부 기자재 이동, 장소 확보, 지원품 조달 등의 업무를 수행하게 된다.

❺ 홍보

어떻게 선전을 하여 최대한 많은 관람객을 동원하고, 수익을 얻느냐에 대한 해답이기도 하

다. 기획 중 가장 핵심적인 일이며 행사의 성패를 좌우하기 때문에 그 만큼 중요한 영역이다. 행사를 위한 별도 홍보담당 조직을 운영하여 많은 인원을 동원할 수 있도록 하며 각 파트별로 일정에 대하여 정확하게 숙지하는 것이 중요하다.

그 밖에 자문위원단의 구성은 형식적 효과뿐 아니라 행사의 정신적 의미 강화와 대외 공신력을 확보하는 데 큰 기여를 하는 역할을 하고 있다.

2. 연출단 구성

　연출단의 구성은 조직위원회 구성만큼 중요하다. 행사의 시작과 끝을 함께하는 사람들이기에 그들의 조직 구성은 중요할 수밖에 없다. 보통 연출에서의 아래의 표처럼 메인행사를 위한 조직을 구성하고, 업무분장을 실시하는 것을 의미한다. 전체축제의 조직위원회 구성과는 별도로 실제 행사장에서의 업무를 담당할 조직을 구성하고 어떠한 형태로 업무분장을 실시해야하는지에 대해 체제의 틀을 잡아야 한다. 먼저 총감독 우선 임명 후 대행사 선정에 들어가야 한다. 그리고 대행사 (실행)실전배치와 행사준비 시뮬레이션, 지휘체계를 확실히 하여 행사 최소 30일전에 실행 책임자의 상근체제가 확보되어야 한다. **표 4.2**는 일반적인 업무분장의 조직도이다.

표 4.2 일반적 업무분장

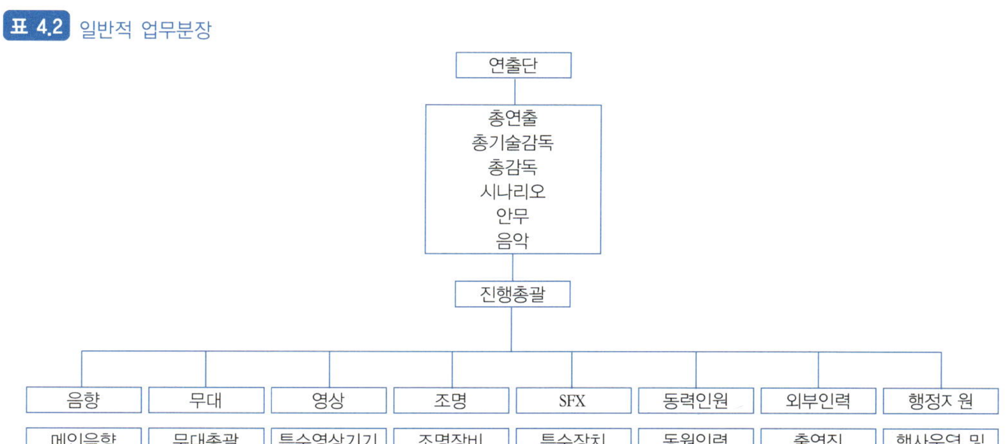

다음의 전국 장애인 체전의 조직표를 살펴보면서 연출 부분의 업무분장 부분을 눈여겨보길 바란다.

표 4.3 전국장애인 체전 조직도

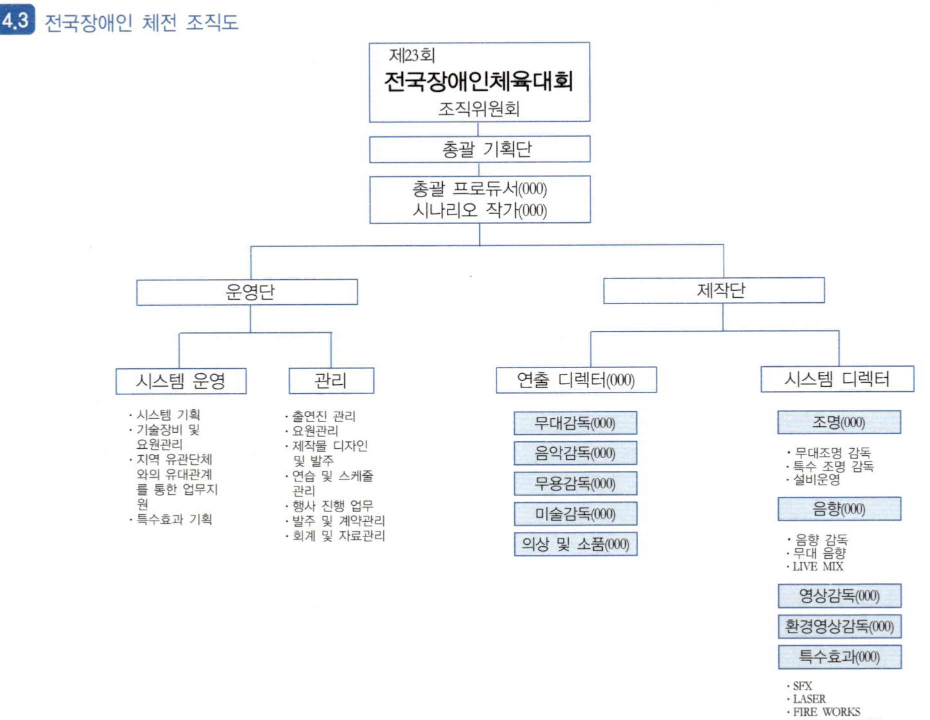

3. 후원

　　후원·협찬사 섭외는 업무조직구성에서 빼놓을 수 없는 중요한 부분일 것이다. 조직위협찬 명분을 확실히 하는 방법이기 때문이다. 축제를 통한 실리를 가장 확실하게 확보한 이들에게 조직위원으로서의 명분을 추가로 부여함으로써 각종 후원·협찬사들이 축제의 성공을 위해 더욱 적극적인 자세를 취하게 만들 수 있을 것이다. 이러한 공식업체의 지원체재를 확립 시키려면 상품기획을 확실히 해야 한다.

　　후원 및 협찬의 종류로는 Summit Sponsor, Corporate Sponsor, Official Sponsor 세 가지로 나눌 수가 있다. 이들 스폰서 패키지는 후원 기업들이 기업 활동을 증진시킬 수 있도록 기회를 제공하는데 초점을 맞춰야 하며 비즈니스 활동에 대한 국제적인 인지도를 제고할 수 있도록 신문광고와 홍보패키지를 제공하게 된다. 이로써 후원 기업은 한국의 발전을 위해 기존의 기울여 왔던 헌신적인 노력을 더욱 강화하겠다는 의지를 과시할 수도 있을 것이다.

　　앞에서 언급한 모든 단체가 가능한 누락됨 없이 조직위원회에 편성되도록 하여야 하며 이 구성을 기본으로 모든 업무별 집행부의 상호 공조체제가 구축되도록 해야만 한다. 조직위원회를 세분화하는 것도 다양한 단체들의 행사참여율을 높이는 하나의 전략으로 활용가능하다. 또한 자원봉사, 주관대학, 주관 동아리 세력을 확보하여 인원협찬금액협찬 외에도 행사장 내의 시설이나 운영에 필요한 장비의 무상 대여와 같은 물품 협찬, 인력의 제공 및 기술이나 서비스의 제공의 인원협찬이 있다. 인원협찬에는 자원봉사, 주관대학, 주관 동아리 세력을 확보하는 방법이 있다. 또한 제공형태가 다를 뿐이지 기업이나 단체가 PR을 목적으로 이벤트에 협찬을 하게 되는 경우도 있다.

(다음 항목 4. 금액 협찬, 5. 물품 협찬, 6. 인원 협찬은 7.Management 경영, 관리 부분에서 자세히 다루도록 하겠다.)

7. 대행사 신뢰

앞에서 본 것처럼 조직의 구성은 다양하고 세부적으로 나누어진다. 이 많은 조직은 한 업체에서 이루어질 수는 없다. 필요한 업무를 일괄해서 전문회사에 위탁하는 경우도 있으며 특정업무에 관한 전문회사를 위탁하는 경우도 있다. 각 조직별로 전문분야를 다루는 업체가 있고 이를 대행할 수 있는 것이다. 대행사의 선정은 한 행사의 시작과 끝을 마무리하는 중요한 역할을 하기 때문에 신중하게 고려해야 한다. 얼마나 신뢰할 수 있는 업체인지 사전에 업체에 대한 프로필을 정확하게 알아보는 것이 좋다.

또한 각 조직별로 행사장 전체를 망라하는 합리적이고 일원적인 체제가 필요하므로, 주최 측에서 신뢰할 만한 대행사는 이러한 체제가 제대로 되어 있고 주최 측과의 커뮤니케이션이 잘 통해야 한다.

대행사 선정 시 고려해야 할 점

- 대행사의 수행 이력
- 회사의 재무 재표
- 회사의 연혁
- 투입인력 이력사항
- 특이사항

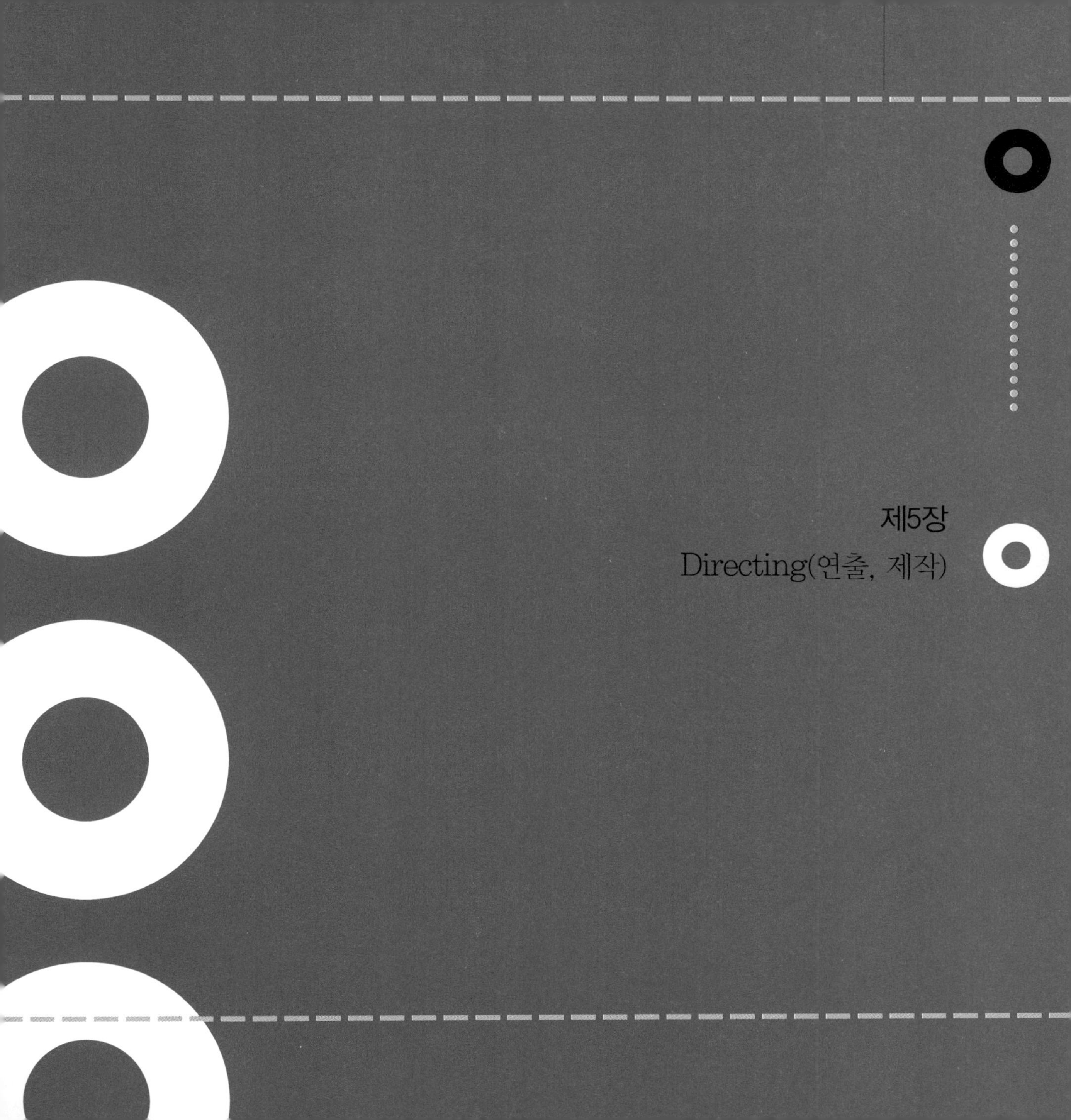

제5장

Directing(연출, 제작)

1. PD

그림 5.1 PD 연출모습

이벤트가 발달되고 세분화된 서구에서는 이벤트 파트도 다양한 직업으로 각기 다른 역할을 담당하고 있다. 사실 다른 것은 몰라도 프로듀서(Producer)와 디렉터(Director)의 역할은 좀 더 구분이 된다. 개념적으로 말해서 프로듀서(Producer)는 기획가와 제작자의 역할을 주로 하고 있고 디렉터(Director)는 연출의 역할을 하고 있다. 따라서 PD는 Produce-director의 줄임말로 프로듀서와 디렉터를 겸하여 기획에서 연출 및 제작의 행정관리까지 역할을 수행한다. 이제는 이벤트를 성공적으로 마무리하기까지는 연출가로서의 자질뿐 아니라 경영적 안목과 포괄적인 관리능력까지 소유한 프로듀서의 능력을 갖고 있어야 한다.

PD에게 요구되는 능력은 다음과 같이 설명할 수 있다.

1. 기획력이 있어야 한다.

기획의 기본은 창의적인 아이디어이다. 독특하고 개성 있는 아이디어야 말로 이벤트 기획의 첫 걸음이 된다. 아이디어 창출을 위해서는 풍부한 상식이 바탕이 되어야 한다. 평소에 이벤트 분야에 관심을 갖고 있다면 내재된 풍부한 상식이 필요할 때 아이디어로 창출된다. 아이디어는 무에서 창조해 내는 것이 아니라 지금까지 생각해 뒀던 것들을 정리하는 작업에서 시작된다.

2. 아이디어를 구체화 시킬 수 있는 능력을 말한다.

머릿속에만 생각을 하는 것은 쉽지만 실행에 옮기는 것은 부딪히는 요소가 많다. 실행력도 아이디어만큼 중요한 요소이다.

3. 예측력을 가지고 있어야 한다.

이벤트는 현실성과 사회성이 강한 매체이다. 주변 환경의 변화를 감지하고 시대의 흐름을 읽을 수 있는 능력이야말로 이벤트 연출가에게 꼭 필요한 예지적 부분이다.

4. 어떤 분야이든지 간에 열정이 있어야 한다는 것이다.

이벤트의 가장 큰 특징은 참가자의 공감대를 형성하는 것이다. 모든 관객들은 콘텐츠로 감동하는 것이 아니라 열정으로 감동하게 된다.

5. 전문지식과 전문가의 동원능력이 필요하다.

이벤트는 관계된 전문적 지식은 이루 말 할 수 없을 정도로 많다. 무대, 음향, 특수효과, 조명 등에서부터 전시, 공연 등에 이르는 모든 업무의 전문적인 지식이 필요하다. 이런 전문적인 지식을 숙지하고 있어야지 전체적인 총괄을 지휘할 수 있는 것이다. 한편으론 각 분야의 전문인에 대한 동원 능력 또한 필요하다.

6. 자금동원 및 관리의 능력이다.

이벤트에서 마케팅은 수익과 바로 직결되는 부분이며 이에 대한 위험요소도 따르기 마련이다. 따라서 예산이 적절하게 책정이 되어 있는지에 대한 파악도 하고 있어야 하며 각 조직별로 소요되는 예산의 흐름도 숙지하고 있어야 한다. 또한 최소의 예산으로 최대의 효과를 낼 수 있는 이벤트를 치루기 위해 협찬을 통한 자금조달에 관한 방법을 모색할 수 있어야 할 것이다.

7. 리더십이 있어야 한다. 이벤트는 하나의 목적을 위해 여러 분야의 업체나 전문인들이 모여 있는 공간이다. 사공이 많으면 배가 산으로 간다고 하듯이 제각각의 사고를 가진 사람들의 집단이므로 이 사이에서 서로 간에 부딪힐 수 있는 문제들을 조정하고 이를 통솔해 갈 수 있는 리더십이 있어야 한다. 이러한 리더십이 있기 전에 앞서 말한 대로 각 분야의 전문 지식을 숙지하고 있어야 할 것이다.

이벤트는 치밀한 계획과 풍부한 경험, 크리에이티브를 바탕으로 현장에서 이루어지는 하드웨어와 소프트웨어 테크닉의 종합예술이다. 땀과 눈물을 필요로 하는 필드싸움인 동시에 기획·제작·연출이 하나로 맞아 떨어져야 하는 종합 연출 공간이다. 이곳에서의 PD의 역할은 중요한 자리일 수밖에 없다. PD의 자질은 어느 하나만 잘한다고 되는 것이 아닐뿐더러 위의 자질을 갖추었다면 관중의 입장에 서서 보편적인 잣대의 기준을 세우는 자세를 길러야 할 것이다.

PD부분에서 세부적인 체크리스트를 만들면 다음과 같다.

세 부 CHECK LIST

행사(장)명		List No.	5-01
대분류	Directing	소분류	PD

세 부 항 목	정량적 판단		정성적 판단					판단 사유	평가
	유(횟수)	무	A	B	C	D	E		
조직별 업무배치									
행정/기획팀과 사전 예산토의									
문제점 점검 및 수정									
무대제작/감수									
기술.리허설의 진행점검									
조직 간의 협력관계									
큐시트에 의한 행사진행									
무대, 소품 등의 점검									
행사보고서 정리									
행사기자재 관리 (보관·철수·반출감독)									

비고

대행사 점검일자	년 월 일	담 당 자	☐☐
감리원 검수일자	년 월 일	감 리 원	☐☐

2. TD · 행정

(1) TD

그림 5.2 TD 연출모습

TD는 말 그대로 Technical Director를 말한다. PD의 역할과는 다른 범위로 TD의 역할 안에는 많은 범위가 포함 되어있다. 무대 디자인·무대 조명감독·무대 음향감독·영상제작감독·영상시설 감독·특수효과·중계 등이 있는데 이는 연출부분에서 기술적인 부분을 구성하고 있다. 이는 실제로 대중들이 행사장을 찾았을 때 행사를 평가 하는 좋은 자료가 되고, 잘 짜여진 프로그램을 시너지 효과가 나도록 돕는 역할을 하고 있다.

TD가 갖고 있는 역량과 구성을 100이라고 본다면 이들의 기술적인 효과들의 사용을 통해 200의 효과를 보자는 것이 그들의 목적이라는 생각이 든다. 기술을 통한 시각적이고 청각적인 효과들은 대중에게 감동을 가져오기 이전에 제일 먼저 접하는 부분일 것이다. 그러나 아무리 효과가 좋더라도 그 효과를 반감, 절감시키는 경우도 보게 된다. 범위가 넓고 다양하게 때문에 어느 한 영역이 역할을 잘못함으로써 행사진행이 어려워지는 경우가 있다. 이는 테크니컬한 효과도 중요하지만 조직의 팀워크 중요하다는 것을 짚어준다.

TD의 분야별 체크포인트에 대해서 간략하게 짚어보기로 하자.

❶ TD

- TD의 전체적인 총괄 무대감독
- 영업력과 관리
- 연출자와의 원만하고 긴밀한 관계 유지 및 행사의 연출 의도와 컨셉 파악
- 무대 연출에 의한 진보적이고 독창적인 아이디어 개발
- 노력한 현장 경험을 통한 종합적인 분석력과 현장감 필요
- 총행사의 시작이자 결정체이므로 행사의 맥락을 파악하고, 결정할 수 있는 판단력 필요
- 투시도법에 의한 그래픽 능력을 통해 사전에 미리 행사의 분위기를 유도하고 프리젠테이션 할 수 있는 능력
- 제작에 필요한 제작도면 능력과 세트장의 기본 자재를 최대한 활용할 수 있는 능력 필요
- 무대 예산에 의한 견적 산출 능력 방안
- 제작 능력 및 감리
- 이미지션 작업을 통한 대중 매체의 전달력
- 스텝 미팅을 통한 도면 설명 및 무대에서 일어날 수 있는 전반적인 상황을 미리 검토
- 신속하고 노련한 장인정신
- 야외무대인 경우 갑작스런 일기변화에 대비한 철저한 사전 준비 필요(세트 높이 조절, 기후 변에 따른 세트 설치, 장비 준비)

❷ 무대디자인–행사의 프로그램 구성안을 골격으로 첫 번째 이루어지는 작업

- 무대디자이너에게 행사에 대한 충분한 브리핑
- 행사 성격에 맞는 무대의 규모 설정
- 전체적인 구도(색깔, 주출입구, 백드롭, 레터링, 마감처리, 특별요구사항)에 대한 의견 제시
- 다른 조직 구성팀과의 커뮤니케이션 및 역할에 따른 상황 브리핑
- 적절한 견적과 셋업 스케줄

❸ 무대조명 디자인

- 행사의 성격과 규모를 판단하여 조명구조물 설치
- 조명 구조물(아시바, 트러스)과 기본적 용량, 무빙 라이팅에 대한 사용 여부
- 견적의뢰, 셋업 스케줄

❹ 무대음향 디자인

- 무대규모(하우스 용량)에 대한 이해
- 모니터의 배치
- 메인 스피커의 조명구조물과의 적절한 조화
- 견적, 셋업 스케줄

❺ 무대영상

- 행사 성격에 맞는 관련 비쥬얼을 제작 의뢰
- 관련 이미지, BGM, 기타자료들을 충분히 제시

❻ 특수효과

- 행사 성격과 연출계획에 따라 가장 절절한 효과를 선정 후 발주

(2) 행정

행정부분은 무대를 제외한 행사진행은 원활한 행사의 진행과 관객들의 안정을 위허 체계적인 운영계획을 필요로 한다. 행사의 총무 역할이자 티켓팅 업무와 재정관리·집행·인력 운영관리·각종 행정업무를 소화해내야 하는 영역이다. 행정 운영 계획수립에 관한 역할별 세부사항에 대해 알아보자.

❶ 대행업체의 선정

행사 현장은 무대와 주변 진행의 두 부분으로 나눌 수 있다. 안전, 진행, 의전, 경호의 영역을 포함한 전문성과 안정성을 확보한 전문 용역업체에 업무를 위임할 수 있다.

❷ 안전관리계획

- 장내 질서, 안전 : 장내 구역 설치 및 질서 유지
  행사장 분위기 유도(사진, 비디오, 레이저 포인트 금지)
  장내 비상사태 대비
- 무대 앞 통제 : 행사관계자 외 무대 앞 진입 통제 대기실 및 물품 관리실 일반인 출입 통제

❸ 행사장 동선 안내 및 봉사

- 행사장 동선구성 및 확정
- 장애인 안내 : 장애인 이동시 긴급사태 대비 편의 제공 (수화)
- 외국인 안내 : 외국인 이동시 통역가능 인력 배치
- 외각 안내 : 주변 교통편에서 행사장까지의 교통정리 및 안내 동선, 행사의 이미지 관리,
  차량 안내, POP 부착
- 주차 안내 : 버스, 일반차량 주차 구역 확보 및 주차 안내 및 정리, VIP차량 및 행사 관계
  자에 대한 주차 구역 확보 및 주차안내
- 입구 안내 : 반입 물품 통제, 행사장 구역 안내, 입·퇴장시 질서 유지, 유인물 배부
- 매표소 안내 : 좌석별 현장 매표 안내, 단체·인터넷 티켓 교환 안내, 입장권 검표·확인

❹ 행사장 시설 및 물품 관리 및 지원

- 장비보호 : 행사장 조명·음향장비 보호
- 렌탈물품 : 텐트, 의자, 책상, 냉온수기, 전기시설 등
- 진행물춤 : 스텝 유니폼, 주차봉. 가이드라인 테이프, 팸플릿, 장식용품, 우비, 이동차량 등
- 사무비품 : 데스크탑, 프린터, 노트북, 인터넷 전용선, 전화, 휴지, A4용지, 매직 등

❺ 인력관리교육 및 업무 지침

- 운영인력교육 프로그램개발, 업무 메뉴얼 확정 및 지침
- 진행요원행사 전체 스텝교육 프로그램 개발 및 실행

❻ 비표운영 및 관리

- 주차비표 구분 : VIP 주차장, 일반 VIP주차장, 일반 주차장, 출연진 주차장, Staff 주차장
- 일반비표 구분 : VIP석 근접요원, 행사요원(Staff), 외곽 행사요원, 출연진, 기자단, 진행 요원 등

❼ 의료

- 119 구급차와 연계 통한 응급 환자 응급조치

❽ 경호

- 경호 대상 선정, 경호 방법 결정, 관리

⑨ 종합 상황실

- 행사의 전반적인 운영상황을 신속, 정확하게 파악하고 효율적으로 대처할 수 있는 시스템을 구축한다.
- 조직위원회와 기타 행사관계자(시청, 단체, 기관)들과의 분명한 운영협력체계 운영 및 관리를 기본으로 한다. 즉 행사의 준비에서 행사 중, 그리고 행사 후에 이르기까지 행사장 운영과 관련한 각종 정보를 수집, 종합, 평가하여 현장운영상황에 적합한 결과를 도출하여 보고하고 대응하게 되며 대외적으로는 유관기관의 원활한 협조체계를 유지하는 총괄창구 기능을 담당한다는 것이 운영의 포인트다.
- 담당 업무
  - 전관방송과 CCTV시스템의 주제어장치의 설치 및 운영관리
  - 운영관련 모든 업무서류의 일일취합 및 배포
  - 각종 필요한 물자의 수급담당
  - 유/무선의 통신시스템 통제와 관리
  - 각종 회의 소집
  - 행사전반에 걸친 통제와 관리의 중앙집중식 운영체계를 구축

기자석 경호원 모습

무대 앞 통제모습

가이드라인 테이프

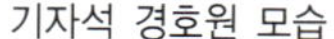

그림 5.3 TD활동 모습

세 부 CHECK LIST

행사(장)명		List No.	5-02
대분류	Directing	소분류	TD · 행정

세 부 항 목	정량적 판단		정성적 판단					판단 사유	평가
	유(횟수)	무	A	B	C	D	E		
(TD) 기술소품과 세트준비									
무대 · 의상 · 소품 제작 및 조명의 기술적인 사항정돈									
스케줄 관리									
연출가와의 지속적인 업무협의									
음향 · 조명 기자재 점검									
음향 · 조명 기자재 설치									
기술/드레스리허설진행 · 문제점점검									
기술파트 담당 인력관리									
음향 · 조명 관리(보관 · 철수 · 반출감독)									
(행정) 매표구 점검									
티켓판매									
진행요원 선발 및 교육									
진행요원 점검									
큐시트와 프로덕션 관련 서류 회수 및 정리									

비고

대행사 점검일자	년 월 일	담 당 자	□□
감리원 검수일자	년 월 일	감 리 원	□□

3. 출연진

행사에 있어서 출연진의 섭외는 행사의 성격, 예산, 규모에 맞게 선정해야 한다. 요즈음은 출연진의 유명세에 따라서 행사의 성패가 좌우되는데 이는 영상매체의 보급과 정보화산업의 대중화의 요인이 따를 것이다. 출연진을 섭외하는 방법은 출연자와 직접 계약을 하는 경우도 있고 출연자가 속해있는 기획사를 통해 섭외하는 경우가 있다.

섭외 시 출연자와의 계약에 있어서 출연일정, 출연료, 출연횟수, 출연료 지급방법 및 세금 문제 등에 대한 철저한 신용이 뒷받침되어야 한다.

또한 출연진 리스트, 출연진 불참 시 대처 방안에 대해서도 잘 체크해야 한다.

❶ 출연자 행동 요령

- 인솔자는 도착 즉시 도착상황을 확인
- 단체별로 인솔자 책임 하에 정해진 대기실에서 대기
- 인솔자는 단체 앞줄 중앙에 위치하며 단체를 통제
- 출연복장은 사전에 환복함을 원칙
- 별도 출연시간이 없는 단체의 경우 대기 장소 집결 후 기획사 지시에 의해 출연, 위치로 이동, 사전 입장

❷ 인솔자 운영 계획

- 연출단의 지시에 따라 출연진을 책임 하에 이동·출연 준비 인솔
- 출연진 등장 후 퇴장동선에 대기·퇴장 시 인솔

- 단체별 등·퇴장 시간 및 등장로·퇴장로 체크
- 주 행사장의 진행상황을 Line-out하여 출연자로 하여금 현장 상황을 청취가능 하도록 한다.
- 관리 사무소 협조 하에 사전 점검을 통해 출연진 이동 동선에 대한 주차 통제 및 가이드라인을 가설한다.

그림 5.4 여러 행사장 예시

4. 사회자

출연자의 섭외 중에서 사회자의 선정은 행사의 시작을 보여주는 이미지이기에 더욱 중요하다. 행사의 컨셉에 어울리는 이미지와 사회적 위지에 있는 조건을 갖춘 출연진으로 선정해야 한다.

또한 사회자는 출연진에 포함이 되는 부분이지만 행사의 진행을 이끌어 가는 사람이므로 행사의 주제를 파악하고 큐시트에 진행에 차질이 생기는 부분에서 이를 능동적으로 대처할 수 있는 능력이 있어야 할 것이다.

그림 5.4 JeJu 뷰티산업육성을 위한 국제회의

5. 의전

인력의 준비와 운영 그리고 관리는 행사에 있어 가장 중요한 사항이다. 전방위에서 행사장을 찾는 관람객들에게 행사전체 이미지에 영향을 크게 줄 수 있기 때문이다. 따라서 인력의 선발에서 교육·리허설에 있어 경제성을 고려하면서 행사기간동안 인력 등 세심한 배려를 통해 내·외적 조직 관리에 치밀한 사전 계획이 필요하다.

인력의 구성은 의전(도우미)·헬퍼·아르바이트로 나누어서 직접 선발 또는 위탁 모집 및 운영으로 구분하여 적합한 방법을 선택하여 추진할 수 있다.

이들에게 가장 중요한 것은 사전의 교육을 통해 본 행사의 중요성과 운영인력들의 자세에 대한 마인드 고취 및 사명감의 부여에 역점을 두어 감동적인 행운영의 목적달성을 위한 첨병으로서의 위치를 인식시킬 수 있도록 해야 하는 것이다. 또한 조직위원회에서도 내부적으로 운영 인력들에 대한 최대한의 물적·심적 배려를 아끼지 않도록 노력해야 한다.

❶ 의전도우미

그림 5.5 2005 대구 e-Sport Festival 의전도우미

앞에서도 한번 언급한 바와 같이 의전은 행사장에서 중요한 역할을 담당하고 있다. 의전은 출연진이나 VIP들의 경호, 안전, 의전을 맡게 되는 영역이다. 또한 최근에는 의전 영역이 중요하게 다뤄지기 시작했는데 행사의 보이지 않는 곳에서 펼쳐지는 가슴 따뜻한 섬김과 배려는 출연자들이나 VIP들의 마음을 움직이게 되는 이후 지속적인 관계 설정이 가능하도

록 동기부여를 하는 부분에서 점차적으로 중요한 영역으로 커져가고 있다. 이는 메인 무대행사를 연출할 대행사와의 원활한 의사소통 채널을 확보하는 것이 중요할 것이다.

❷ 일반도우미

의전도우미와 더불어 행사 운영에 있어서 조직별 역할 분담을 해야 하는 도우미가 필요하다. 일반도우미는 통역 도우미와 안내도우미로 구분할 수 있다. 일반적으로 도우미는 흔히 행사의 꽃이라고 표현을 하는 것처럼 행사장에서 가장 먼저, 쉽게 눈에 띄는 요원들이다. 또한 관람객들에게 가장 큰 감성적 이미지를 전달하게 되는 인력들이다. 그 만큼 사전 교육이 철저하게 이루어져야 한다. 운영인력 중 최고의 언론취재 대상이기도 하기 때문이다. 또한 모든 요원들도 마찬가지지만 도우미 대기실은 항상 절제되고 긴장된 도우미들의 안락한 휴식공간이 될 수 있도록 공간구성에 배려가 필요하기도 하다.

그림 5.6 도우미 행사모습

도우미의 업무개요 요약

- 회장 내에 입장한 관람객에 대한 각종 서비스 제공 인력
- VIP에 대한 영업/안내/환송 등의 서비스 제공 인력
- 외국인 관람객 또는 참가자에 대한 통역 및 행사장 안내 업무

6. 헬퍼(자원봉사자)

도우미의 역할을 뒷받침 해주거나 다른 행사 인력들의 업무를 도와 줄 수 있는 헬퍼가 필요하다. 지역의 인프라를 최대한 활용하여 지역 주민들의 공감대를 형성하고 자긍심을 고취시키는 의미에서 지역주민들의 자원 봉사자들의 모집을 하는 경우도 있다. 그들의 관심사가 행사가 아닌 자기에게 맡겨진 임무가 될 수 있도록 책임의식을 가지도록 현장 시뮬레이션 교육을 사전에 시켜야 한다. 이와 같은 경우는 자원봉사자들의 활동을 통해 애향심과 책임감을 인식하도록 하여 지역의 성공적인 행사로서 자리매김할 수 있게 된다. 자원봉사자들이 행사 진행시 지침 해야 할 사항들은 다음과 같다.

❶ 자원봉사자의 지침

- 개인별 담당 일정 확인
- 행사운영에 대한 전반적인 교육과 근무수칙을 숙지
- 미소, 친절
- 행사현장 순회 및 각 존별 포스트 숙지
- 비상연락망 체계를 이뤄 비상사태시 보고 전달 확실

최근에는 자원 봉사자의 영역이 다양해지고 비중도 커져 인증서를 발급해 주기도 한다. 따라서 자원 봉사자의 선정 및 운영개발 시스템의 관리가 중요해지고 있다. 다음은 자원봉사자의 프로모션 계획에 대한 부분이다.

❷ 자원봉사자의 프로모션 계획

- 행사 자원 봉사자의 권리와 의무, 내부 수칙과 일정 계획 결정
- 자원 봉사자 모집 광고/모집 안내(신청 과정)
- 분야별 자원 봉사자 선정
- 오리엔테이션
- 분야별 컨퍼런스를 통한 사전 교육 실시
- 장비 세트 업 일정과 맞추어 행사 진행 현장 시뮬레이션 교육 실시
- 현장 배치/현장 지행
- 철수/마무리

그림 5.7 국제공예비엔날레 자원 봉사단체

7. 아르바이트

아르바이트는 교통 정리, 주차장 관리, 물품 정리 등 단순한 업무를 정리하는 담당이지만 각 행사별 프로그램을 제대로 숙지하고 있어야 하며 리더의 지시에 정확하게 숙지하고 업무의 진행이 수월하게 될 수 있어야 한다. 그리고 전체 행사 메뉴얼을 통해 시뮬레이션 교육을 통해 사전 기본 교육을 철저히 한다.

행사현장과 그 주변 환경의 동선을 정확히 알며 고객 정보와 스텝들의 정보를 숙지하여 업무의 흐름을 깨어서는 안 된다.

그림 5.8 아르바이트

8. 주차장

주차장에서 꼭 체크하여야 할 사항들을 알아본다.

1. 주자장의 확보는 행사의 관람객의 수에 어느 정도 수치를 맞추어야 한다.
2. 주차장 주변의 동선을 미리 파악하여 행사시의 주변 차량운행을 통제하고 VIP와 행사 관계자들의 전용 차량의 출입을 도와주어야 한다.
3. 행사준비관련 차량(음향, 조명, 무대 등)이나 응급, 소방, 경찰, 방송, 언론사 차량 등의 출입은 별도의 출입문으로 진입이 가능하게 한다. 단 행사장 개장 시간에는 진입로까지만 허용되며 행사 개장시간에는 무리한 진입은 불허하도록 하는 것이 좋다.
4. 사전에 행사관계자에 대한 출입증을 발급하여 외부의 무리한 진입을 통제할 수도 있다.
5. 교통의 혼잡을 예방하기 위해 사전에 대중교통을 이용하도록 권고하여 교통량의 최소화에 중점을 둔다.
6. 주차료는 행사지역 조례에 따른다. 주차요금에 따른 관객의 불만을 생각하여 기존에 활용 하던 주차장을 활용하여 예산확보를 통해 주차장을 무료로 운영할 수 있는 방안이 필요하다.
7. 대형 중계 차량이나 행사 지원차량이 자칫 입장객의 불편을 초래할 수 있으므로, 유도사 인물을 가릴 수 있으므로 사전 주차장소를 조정하여 배치한다.
8. 외국인, 외지인에 대한 배려도 잊지 말고 안내사인이나, 유도간판을 세워 놓아야 한다.

 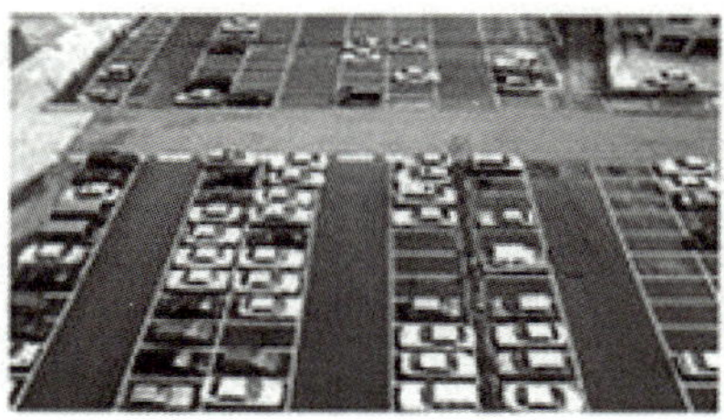 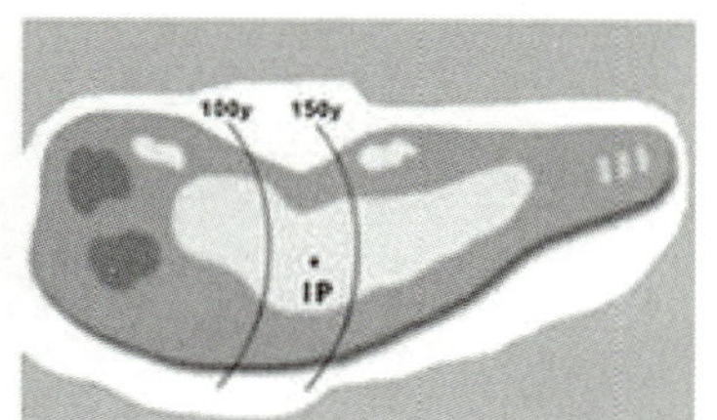

그림 5.9 주차장 예시

9. 행사장식물

　행사장내 각종 환경 연출물은 관람객들이 보다 쉽게 이해할 수 있고 관람객과의 유기적 관계 형성으로 다양한 커뮤니케이션이 가능토록 하는데 기본방향을 둔다. 특히 행사 주제와 연관된 대표적 상징 색상 선정 및 배색 적용으로 행사의 분위기를 연출한다. 또한 행사 컨셉에 부합되는 비쥬얼의 표현이 되었는지 장식물의 위치 및 수량의 적절성에 대하여 체크 해 보아야 한다. 장치물 전체에 대한 컨셉을 통일화 시키고 EI(Event Identity)나 FI(Festval Identity) 통일화가 이루어져 후원, 주관, 협찬 등 참여업체에 대한 노출효과도 기대한다.

행사장 입구 조형물

오방기

그림 5,10 행사장식물

10. 부스

부스는 목적/형태/규모에 따라 다양한 종류로 분류된다. 보통 행사장에서는 몽골텐트와 캐노피 텐트를 주로 쓴다. 중요한 것은 부스가 용도에 맞게 들어왔는지의 문제이다. 보통 홍보용 부스로는 이동은 불편하지만 안전성이 뛰어난 몽골텐트를 주로 사용하며 접이식으로 이동성이 편리한 캐노피 텐트는 참가자 대기실이나 협찬사 물품 보관소나 진행요원 대기실로 쓰인다.

그림 5.11 부스의 예

❶ 홍보용 부스(몽골텐트)

몽골텐트는 Marquee라고도 불리며 야외에서 장기간 설치 사용이 가능한 전천후 텐트로서 각종 행사에서 이미 진가를 검증받은 텐트이다. 이동이 불편하지만 장기간 설치사용이 가능한 기능으로 안정된 장점이 있으며 또한 주문자의 상호나 로고를 부착할 수 있어 광고 및 선전 효과를 가질 수 있다.

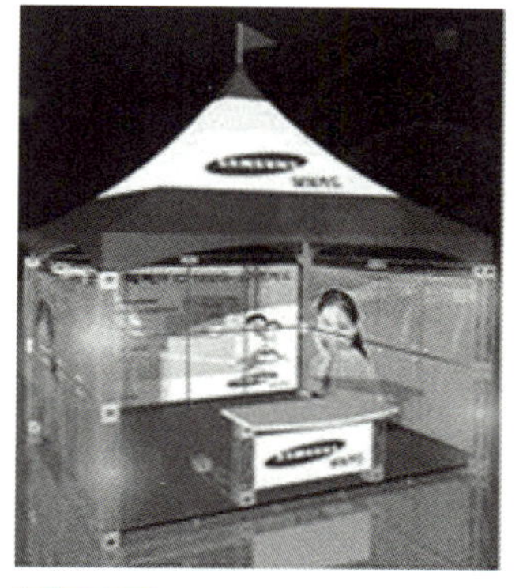

그림 5.12 몽골텐트

❷ 전시용 부스

행사에 있어서 편리한 설치와 이동, 보관이 가능한 부스이며 몽골 텐트와 마찬가지르 로고 및 상호 인쇄를 통하여 기업의 이미지를 부각시킬 수 있는 역할을 한다.

그림 5.13 전시용 부스

그림 5.14 대구 e-Sports Festival 게임전시

❸ 캐노피 부스

캐노피 부스는 바람에 강하고 튼튼하여 장기간 행사 혹은 대형 행사에 적합한 부스다. 접이식 천막으로 설치와 철수가 아주 용이하여 어느 곳에서나 자유자재로 사용이 가능하다. 행사장, 전시장, 야외이벤트, 오토캠핑장, 재래시장, 기타 행사가 필요한 장소에 적합하다.

그림 5.15 캐노피 부스

❹ 옥타늄 부스

독일 옥타늄 자재로 행사 전시품을 전시할 수 있도록 조립식으로 설치되는 기본 장치로서 산업 전시 박람회, 홍보관, 무역 박람회 홍보관 등에서 사용된다.

시공기간이 짧고 가격이 저렴하며 다량의 시공이 가능하며 본체의 경우 코팅이 되어 있어 깨끗하고 아름다운 분위기를 만들어 낼 수 있다.

그림 5.16 옥타늄 부스

⑤ 프로모션 부스 및 기타 부스

프로모션이나 이벤트를 목적으로 디자인된 시스템 부스로서 정해진 구격 없이 다양하게 설치 가능하다. 다양한 형태와 조명을 활용하여 제품/행사의 홍보를 극대화 시킬 수 있는 장점이 있다. 이외에 플래닛 부스, 우드시스템 부스 등 목적 및 형태에 따른 다양한 부스가 있다.

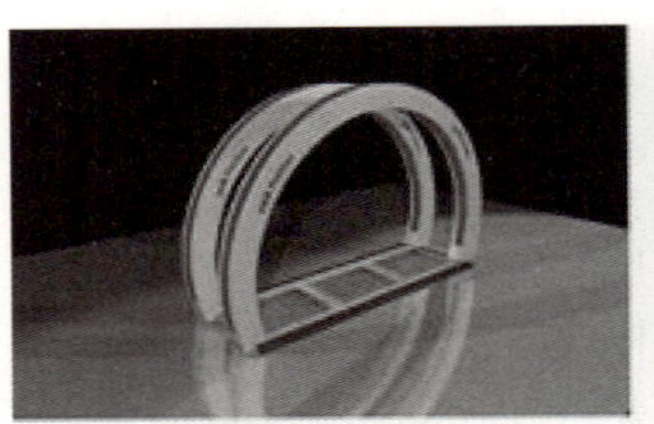

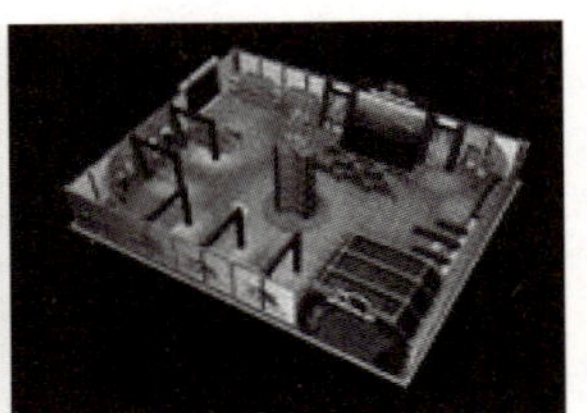

그림 5.17 기타 부스

11. 무대

무대는 행사의 얼굴이 되는 부분이다. 무대를 어떻게 연출하느냐에 따라 행사의 컨셉이 분명해 질 수 있을 것이다. 그러기 위해서는 기획자의 정확한 오더가 있어야 할 것이다.

그림 5.18 무대 전경

❶ 무대의 유형 분류

- 무대의 여러 가지 타입에 대한 이해를 충분히 가져야 공간 활용의 미를 살릴 수 있다. 이는 모든 행사장의 규모, 특성, 기존 시설 등에 대한 사전 이해가 있어야만 행사의 성격에 맞는 무대가 설치될 수 있다.
- 오페라, 무용단 공연/댄스, 대형 콘서트, 종합적 성격의 공연을 치를 수 있는 행사전용 홀(세종문화회관, 국립극장, 예술의 전당, 서울 KBS 홀 등)
- 뮤지컬, 오페라 전용(예술의 전당 오페라 하우스)
- 다목적 용도의 행사장(부산 KBS홀, 체조, 펜싱, 역도 경기장/올림픽 공원 내, KBS 88체육관)
- 소극장 형태의 공연장(라이브 전용 소극장, 라이브 1, 2관, 학전, 연강홀)
- 패션쇼를 위한 연회장(힐튼호텔, 하얏트, 워커힐)

❷ 무대의 용어와 설명

● **무대평수** : 보통 '평'(3.3㎡)이라는 단위를 사용하지만, 이제 넓이 단위는 '㎡:제곱미터'로 통일하여 사용하게 되어 있다. 하지만 '제곱미터'보다는 '평'이라는 단위를 아직까지는 많이 사용한다. 중간규모의 체육관 시설인 경우 50평 이상, 대규모의 생사일 경우 100평 이상 예상해야 한다.

● **무대높이** : 무대높이 기본은 90cm(3자), 120cm(4자)를 많이 활용하는 편이고 어떤 상황인가에 따라 그 높이가 달라질 수도 있다. 180cm(6자)를 사용하기도 한다. 행사 성격에 따라 복층 무대 바닥을 설치하기도 한다.

● **Back drop** : 평면 무대와 함께 뒷면 무대 시설을 함께 사용하게 되는 경우가 많은데 평면무대와 행사의 이미지와 어울리는 형태의 세트를 구성해야 한다. 재료로는 목재, 스티로폴, 모루천, T/C천, 부직포, 템버보드, 아크릴, 타공판 등이 사용되는데 대회나 공연의 이미지, 네이밍을 위해 주로 사용된다.

높이나 길이 등 크기를 잘 설정해야 하는데 이때 전기효과 사용 유무의 체크를 잊지 말아야 한다.

SET 기본평판 size는 3×8자, 4×9자, 6×9자, 8×12w자가 있으며, 각기 낱개로 이루어져 있으며 여러 개가 모여 하나의 SET를 이룬다.

● **기본바닥** : 기존 바닥이 흙, 목재, 모래, 잔디밭 등 어떤 상태로 있는지에 대한 이해가 있어야만 무대 시설 재질이 결정된다. 또한 기존 바닥이 경사지거나, 고르지 못한 경우 그에 대

한 사전 자재 준비가 필요하다.

- **무대제작방식** : 기존 바닥 시설과 높이, 전체 평수에 맞춰 제작 방식을 결정해야 한다. 도립식 골재나 목재, 스탠, 철제 등 다양한 방식들이 있는데 시공팀과 충분한 사전 답사 후에 결정되어야 한다.
- **음향반사판** : 각종 공연시 원음의 음향이 확산되는 것을 방지하고 충분한 음향이 효과적으로 청중에게 전달될 수 있도록 설치한 벽으로 천장반사판, 측면반판, 정면반사판으로 구성한다
- **마감재료** : 평면무대의 기본 시설이 완료되고 나면 마감처리를 해야 하는데 보통은 하이텍스(카페트), 포맥스, 데코타일, 고무판 등으로 처리하여 색상전환을 전환한다. 주로 회색, 백색, 흑색, 적색 등을 주로 사용하며 그 이외에 다양하다.
- **Color계획** : 마감과정 중 하나이지만 페인팅을 해야 할 경우 색상을 지정해야 하며 특별히 공연이 추구하는 특별한 이미지 컬러가 있다면 꼭 이미지 업 할 필요가 있다. 주로 white, gray, ivory 등 미색톤으로 조명에 부합될 수 있는 색채 계획이 필요하며, 사전에 조명감독과 협의 하에 진행되어야 한다.
- **계단 · 경사로** : 무대에 오르기 위한 장치가 필요한데 보통 1~2명의 출연진이 등장하는 경우에는 계단을 설치하며 20~30명이 단체로 등장할 때는 계단보다는 경사로를 설치한다.

❸ 무대의 종류

- **가설무대** : 야외 공연 시 임시로 설치하는 간이 무대를 말한다.

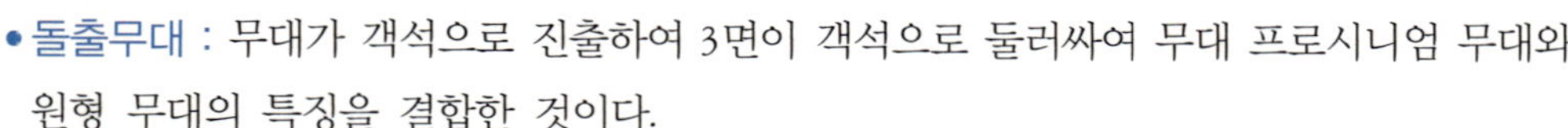

- **돌출무대** : 무대가 객석으로 진출하여 3면이 객석으로 둘러싸여 무대 프로시니엄 무대와 원형 무대의 특징을 결합한 것이다.
- **뒷 무대** : 배경 막 뒤의 관객의 시야와 차단된 보조무대이다.
- **보조무대** : 무대 구성 시 좌측과 뒷 무대 사이, 우측과 뒷 무대 사이 무대로 무대 승강기가 설치되어 있어 무대전체 전환이 가능한 무대로 주로 오페라 극장에 설치 운영하고 있다.
- **슬라이딩무대** : 바퀴가 부착된 크고 낮은 덧마루이다. 이렇게 무대의 장면 전환을 위한 기술은 현대적인 극장에서 개량되고 고안된다.
- **원형무대** : 무대가 원형으로 만들어져 있으며 객석 중앙에 위치하는 것이 특징인 무대 형태를 말한다. 이 경우 객석의 위치가 무대 중심으로 사방을 에워싸는 형상이 된다. 객석과의 구분이 분명하지 않아 관객과 출연자가 거리감 없이 어울릴 수 있는 무대 형태이다.
- **회전무대** : 중앙에 원형의 기계장치를 설치하고 그 축을 중심으로 하여 수평으로 회전시킬 수 있는 무대이다. 무대 중앙의 일부가 회전하도록 설계되어 있다. 공연작품의 장면 전환 시 짧은 시간에 전환을 할 수 있는 이점이 있다. 특히, 장치를 3~4등분으로 나누어 회전무대에 설치함으로써 장면의 변화를 다양화할 수 있다. 단 야외에서는 설치가 어렵다는 단점이 있다.

❹ 이벤트 무대 디자인의 개요

행사의 표현하고자 하는 내용이 지니는 성격과 상황을 종합적인 예술과 기술적인 메커니즘을 통해 의미 있는 공간으로 시각화하여 전달하는 것이며, 주어진 CUE-SHEET와 연출 의도 등 프로그램이 요구하는 추상적, 관념적 분위기를 디자이너의 창의력과 미적 감각을 통해 구체적으로 시각화하는 것이다.

❺ 무대 장식의 운영 원칙

- 연출방향에 의해 행사공간은 무대·관중석·주변 환경이 하나가 되어야 하며 무대의 높이와 개방성을 고려한다.
- 공식행사용 무대(트랙무대)인 경우에는 의전석 방향으로 설치하며 로얄석 앞쪽에 의치하도록 한다.

무대시안 계획서

- 약 150평 규모의 무대로 자연경관 그대로가 일품인 주위의 배경을 살리고, 또한 천안 종합경기장의 야간 실루엣을 살려 무대의 백드롭으로 사용하게 된다.(야간 운동장의 실루엣은 네온 불빛으로 시안보다 좀 더 밝고 화려함)
뒷면, 주의 사방이 오픈 되어 있어 주변과의 어울림을 강조하고, 이는 장애인과 비장애인의 어우러짐을 표상화 하기 위함이다.

제85회 전국체전 전야제 무대

"O.G.O" 무대 Planning

주요 무대 세팅모습

주요 무대 세팅모습

원형무대

무대 계단

그림 5.19 여러 행사 무대 예시

❻ 무대 시안 계획서

평 면 도

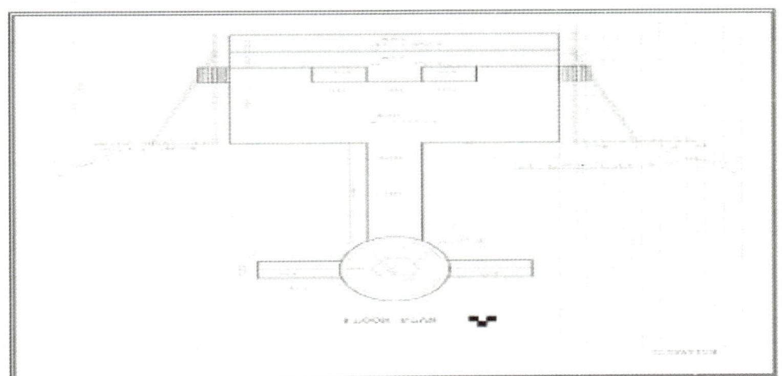

입 면 도

그림 5.20 장애인 체전 무대 계획서

세 부 CHECK LIST

행사(장)명		List No.	5-11
대분류	Directing	소분류	무대

세 부 항 목	정량적 판단		정성적 판단					판단 사유	평가
	유(횟수)	무	A	B	C	D	E		
평수									
기본바닥의 상태와 사전자재준비									
무대높이									
무대제작방식(도립식 골재/목재/스탠/철제)									
판넬									
마감재료(하이텍스/포맥스/데코타일/고무판)									
Back drop 구성 및 재료 확인									
Back drop size 체크									
전기효과 사용 유무체크									
painting—조명에 부합되는 컬러 선정									
계단 · 경사로 확인									
안전성									

비고

대행사 점검일자	년 월 일	담 당 자	□□
감리원 검수일자	년 월 일	감 리 원	□□

12. 트러스

- 무대의 배경이 되는 구조물로 주변 환경과의 조화로 아름다움과 수려함을 돋보이게 하며 부대 전체를 안정감 있게 하기 위한 좌·우측 중심의 구조물이다. 트러스는 높이와 하중에 따라 재질과 크기가 결정된다. 트러스 설치 시 와이어의 마무리 작업이 확실히 되었는가를 확인하여 안전조치를 취해야 한다. 안전배너를 설치하고 시민 동선 유도 사인 태치와 안전 요원을 배치하여 안전에 힘쓴다.
- 악세사리 : 원형, 트러스 토막을 이용하여 연출할 수 있다.
- 아시바 방식 : 가장 대중적인 조명탑 방식으로 대학 축제·야외라이브·야간 집회·주간 무대 현수막 거치용 등 수많은 행사에 사용된다.

트러스

아시바

그림 5.21 트러스 예시

세 부 CHECK LIST

행사(장)명			List No.	5-12
대분류	Directing		소분류	트러스

세 부 항 목	정량적 판단		정성적 판단					판단 사유	평가
	유(횟수)	무	A	B	C	D	E		
조명보조									
무대보조									
주변 환경과의 조화									
구조물의 안정감									
높기에 따른 재질·크기									
하중에 따른 크기									
책임소재 확인									
지지대 안전성									
와이어 마무리									

비고

대행사 점검일자	년 월 일	담 당 자	□□
감리원 검수일자	년 월 일	감 리 원	□□

제40회 온양 문화제 Amazing hero

앞에서 이론적으로 다룬 조명 · 음향 · 무대연출을 되짚어 보는 의미에서 '제 40회 온양 문화제 Amazing hero'를 통하여 행사공연에서의 조명 · 음향 · 무대연출에서 컨셉을 어떻게 반영하여 기본 안을 기획하였는지 살펴보기로 하겠다.

① 조명부분 Producing 사례

- 전체적으로 밝고 미래지향적 패턴과 톤으로 연출
- 지역적 특색을 감안한 전통적 분위기 조성
- 이순신의 영웅적 위상을 감안한 부분적 강렬함과 진취적인 느낌
- 일체식(Truss, Dome 형식, 4각형)을 활용하여 주변을 심플하고 단아하게 연출
- 각 스테이지 별 분위기와 컨셉에 어울리는 분위기 연출

② 음향부분 Producing 사례

- Flying Truss System에 의한 스피커 고공설치로 행사장내 청각의 사각지대가 없도록 디자인
- Live 위주의 Performance에 의한 생동감 있는 Sound Performance 연출
- 특수음향을 별도 제작, Live와 연계하여 적절히 활용하여 입체적 음향 공간 시스템 구축
- 무대 출연자들과 객석이 일체감을 느낄 수 있는 Lay-out

③ 환경장식 · 무대부분 Producing 사례

- Main 행사장 및 관련 무대 Line은 Truss를 활용하여 Truss와 무대세트가 자연친화적인 질감이 나도록 표현
- 세트는 이순신의 이미지를 형상화하여 기대감 조성과 행사의 컨셉에 부합되는 비쥬얼로 표현
- Final Stage에서 이순신 이미지의 비주얼이 미래지향적 비쥬얼로 변환, 모두가 환호와 축제분위기 연출
- 행사장 주변 및 인근지역에 배너·아치 등을 설치하여 지역 친화적 축제분위기 연출
- 아산시의 이미지와 Amazing Hero의 형상화된 이미지가 결합된 주변장치 장식

'제40회 온양 문화제 Amazing hero'의 무대장식에서는 이순신 장군의 영웅 이미지를 최대한 강조할 수 있는 색채와 디자인 장치물을 설치하고, 음향에서도 생동감과 힘이 느껴질 수 있도록 효과 음향을 준비하고, 공간배치를 고려하여 스피커를 설치하도록 함으로써 Amazing hero의 컨셉에 부합되는 무대를 연출하고 있다. 이처럼 각 행사의 컨셉에 맞는 프로그램과 장치물 설치가 될 수 있도록 연출해야 한다는 것을 항상 잊지 말아야 할 것이다.

그림 5.22 온양문화제

13. 안내대

안내업무란 역할 수행을 함에 동시에 행사의 환영메신저로서의 얼굴이 된다.

관람객의 진입축선 상에 설치하여 관람객의 안내와 환영메신저로서 역할을 할 수 있도록 하고 우천시를 대비한 안내적 요소를 갖추어 관람전의 편의성을 주고 행사장 얼굴을 담당하는 도우미의 안내로 부드럽고 친근한 분위기를 연출한다. 정확한 안내는 행사의 좋은 인상을 주게 된다. 일반적으로 안내대의 도우미는 장내의 시설배치나 행사순서, 행사의 볼만한 프로그램, 오픈시간과 소요시간, 교통안내 및 운행안내 등의 정보를 숙지하고 있어야 한다.

LED나 게시판 배너 설치를 통해 향후 행사 스케줄 도출하는 방법도 좋은 방법이 될 수 있다. 종합안내사인은 행사장조감도, 행사일정안내 등 행사전반에 걸쳐 상세한 정보를 제공해 주도록 구성한다. 더불어 관람객들에게 눈에 확 띠는 디자인과 컬러가 중요하다.

그림 5.23 2005 대구 e-Sports Festival 행사장 안내대

14. 무대장치

　무대를 설치하기 위한 전반적인 시스템 설치 계획을 세워야 할 것이다. 앞서 말한 것과 같이 무대를 어떻게 연출하느냐는 매우 중요한 부분이다. 그러기 위해서는 무대에 관련한 장비들의 설치계획이 잘 세워져야 할 것이다.

　다음은 장비 시스템에 관한 설치 계획표를 한 예로 들어 보겠다. 행사시 무대장치에 전반적인 현황을 잘 숙지하고 안전을 요한다면 행사의 안전이 보장된 효과적인 연출을 할 수 있을 것이다.

❶ 운영원칙

- 특수 장비는 의외성을 연출함을 목표로 하며 핵심이 되는 내용은 대외비로 관리한다.
- 중기를 이용한 반입 및 설치 시 속도 제한, 바닥 보강 등을 통해 트랙 손상을 예방한다.
- 행사장에 극적인 효과를 가미하는데 무대장치에 포함된 테크니컬한 장치들은 리허설을 통해서 수정·보완·관리한다.

❷ 무대장치 시스템 설치계획서 사례

구분	세부내역	수량	용도	설치현황
무대	100여 평 규모	1식		2005. . . 설치예정
조명 트러스	24×8m Main Truss	1식	행사 무대의 배경이 되는 주변 환경의 아름다움과 수려함을 효과적으로 드러내기 위해 좌우측 중심의 트러스 디자인 사용	2005. . . 설치예정

구분	세부내역	수량	용도	설치현황
조명	-기본조명 · Par 64LB/Par 46LB · Follow Spot 등 -특수조명 · MAC 500/600 · Sky Rose 등	전체 1식		2005. . .~ . 설치예정
음향	-Adamson Y-10 　(Line Array System) -MIDAS Heritage 2000 　Mixing Console 등	전체 1식		2005. . .~ . 설치예정
영상	-Full Color LED system -DVD/VTR Player -TV Monitor Full Set	전체 1식		2005. . . 설치예정
촬영	-중계차(5원중계)	1식	기록 및 현장중계용 촬영 장비	2005. . . 설치예정
특수 효과	-CO2, 불기둥, 에어샷, 썬샤인 등 -불꽃놀이용 타상연화	1식		2005. . . 설치예정
발전차	-하드웨어 팀별 작업일정에 맞춰 대기	3대		2005. . .~ . 부분별
의자	-관람용 의자	3,000개		2005. . . 설치예정

매직 스페이스 설치 모습

무대 세팅된 모습

발전차

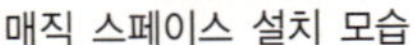
그림 5.24 여러 무대장치

세 부 CHECK LIST

행사(장)명		List No.	5-14
대분류	Directing	소분류	무대장치

세 부 항 목	정량적 판단		정성적 판단					판단 사유	평가
	유(횟수)	무	A	B	C	D	E		
장비목록 리스트 업									
장비점검 및 안전점검									
전체적인 견적에 맞는 장비의 규모 확인									
special order									
발전차 위치 및 담당부분, 수량 점검									
방음집 설치 확인									
장비 Setting 마무리 및 최종점검									
Part별 가동									
마비사항 점검 및 수정									

비고

대행사 점검일자	년 월 일	담 당 자	□□
감리원 검수일자	년 월 일	감 리 원	□□

15/16. 조명일반 · 특수

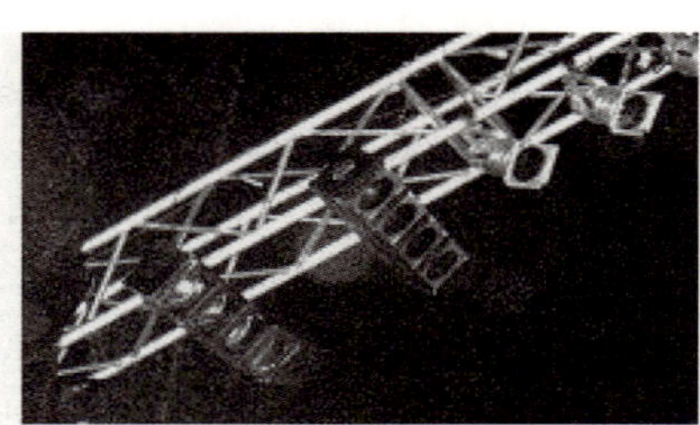

그림 5.25 조명 예시

    일반조명은 도시계획, 건축, 가정 등 실제 생활에 활용되는 조명을 일컬으며, 특수조명은 무대, TV, 영화 등 예술분야의 보조수단으로 활용되는 조명을 뜻한다. 조명은 과학과 예술적 감각의 결합을 통하여 무대에서 일어나는 종합예술의 시각적 완성이다. 이를 잘 조화시켜야 완성도 있는 조명이 될 수 있는 것이다.

    일반적으로 말할 때 환경의 변화로 행사장에서 관객들이 제일 크게 자극을 받을 수 있는 요소가 조명이 되어가고 있다. 청각적인 느낌보다 시각적인 효과에 한 템포 빠르게 반응하기 때문이다. 다음에서는 조명에 대한 전반적인 이론을 살펴보도록 하겠다. 우리가 여기서 중점을 두어야 할 부분은 조명장치의 구조나 모양이 아니라 조명기의 빛의 성질을 이해하고 이를 활용할 줄 알아야 한다는 것이다. 조명의 생명은 첫째도 빛이요, 둘째도 빛이며 빛은 행사의 시작과 끝을 장식한다는 것을 유념해 두길 바란다.

표 5.1 조명 System

조명 System	기본조명
	콘트롤러
음 향	Moving-Light
악 기	TRUSS
무 대	철구조물
특수효과	발 전 차
영 상	레 이 져
레 이 져	

❶ 이벤트 조명의 의의

무대조명의 역할은 시각적인 요소들에 대한 보조적인 역할뿐만 아니라 이성적이고 체계적인 이벤트 상황에 극적인 효과를 부여하고 독립적인 조명의 표현을 통하여 새로운 감동을 불러일으키는데 그 의의를 찾을 수 있다.

그러나 너무 극적인 효과에 치중하다 보면 이벤트의 수행에 있어서 주와 부가 바뀌는 오류를 범하기 쉽기 때문에 적절한 조화를 이루는 조명 연출이 요구된다.

❷ 국내 이벤트 조명의 현황

국내외 이벤트 조명은 조명기 렌탈회사에 의해서 공급된다. 외국의 경우 프리랜서 조명 엔지니어의 활동이 많아 활성화 되어 이벤트 PD가 조명 엔지니어를 섭외함으로써 이벤트 조명이 이루어지지만 국내외 상황은 조명 렌탈회사의 섭외를 통하여 이루어지고 있다.

이벤트 연출에 있어서 능동적이고 핵심적인 역할은 수행하지 못하고, 과다한 장비경쟁과 가격경쟁을 유발시키며 수동적인 조명연출 밖에 기대할 수 없기 때문에 이벤트 PD는 우수한 용역업체의 지속적인 확보가 무엇보다도 중요한 문제라고 말할 수 있다.

❸ 이벤트 조명 시스템

이벤트의 조명 시스템은 무대와 연출석의 위치 선정에 따른 조명 시스템의 배치가 중요하다. 조명의 중요한 기능은 실용성과 미적 감각이므로 행사의 컨셉과의 하모니를 이루어 배치가 되어야 할 것이다. 또한 전원 공급의 위치, 발전차, 용량 등 상황 점검이 충분히 이루어져야 하며 행사의 적합한 조명기구가 동원되고 있는지가 중요하다. 예를 들어 FollowPin SpotLight의 개수와 성능, 밝기 등 배치된 조명이 적합한지, 상태가 양호한 지를 파악해야 한다. 또한 음향이나 효과의 시스템과의 상관관계를 점검하여 행사가 안전하게 진행될 수 있도록 하여야 한다.

❹ 이벤트 조명 시스템의 이해

조명 시스템은 크게 콘솔(Console), 디머(Dimmer), 회로(Circuit), 조명 유니트로 구분 할 수 있다. 각 항목별로 살펴보도록 하자.

① 콘솔

콘솔은 조명에 관한 모든 것을 제어할 수 있는 일종의 통제장치를 말한다.

콘솔의 분류 :

- 수동 콘솔(마스터 콘솔, 프리셋 콘솔, 콤비네이션 콘솔)
- 컴퓨터 콘솔
- 마스터 콘솔 : 마스터 콘솔은 디머들을 어떤 묶음(색채별, 위치별 등)으로 만들어서 서브마스터로 조절할 것인가가 중요하다.
- 프리셋 콘솔 : 프리셋 콘솔은 다음 큐를 미리 준비할 수 있는 장점이 있다. 한 손으로는 크로스페더를 조작하면서, 다른 손으로는 다음 장면의 준비를 할 수가 있다. 효율성을 따져본다면 프리셋 콘솔이 마스터 콘솔보다 절약형인 것이다.
- 콤비네이션 콘솔 : 마스터 콘솔의 장점과 프리셋 콘솔의 장점을 결합시킨 콘솔이다. 몇 개의 디머를 한꺼번에 묶을 수 있는 서브마스터는 마스터 콘솔에서 따왔고, 다음 장면을 미

리 준비 할 수 있는 프리셋 장치와 크로스페더는 프리셋 콘솔에서 따온 것이다.

- 컴퓨터 콘솔 : 컴퓨터와 수동 콘솔의 근본적인 차이는 '데이터를 기억할 수 있느냐', '데이터를 저장할 수 있느냐'에 있다. 수동콘솔은 기껏해야 두 개의 큐를 만들 수 있을 뿐이다. 그러나 컴퓨터 콘솔은 수백 개의 큐를 기억시키고 저장시킬 수가 있을뿐더러 시간까지 입력할 수 있다.

② 디머

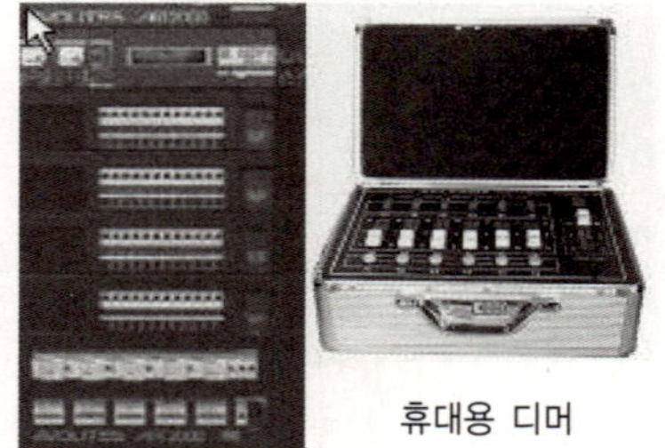

휴대용 디머

디머는 조명기구에 전원을 공급하는 장치로 빛을 조절하기 위해 빛이 변할 때, 가장 편안하고 부드럽고 안정적이게 해 준다. 전력의 손실을 가급적 줄이면서 장시간 사용해도 과열이나 과부하가 일어나지 않는 것이 중요하다. 디머는 수명이 길고, 무게가 가볍고, 가격도 적당하고, 소음이 적어야 한다는 것을 고려해야 한다.

③ 회로

회로는 사람의 '신경'이나 '혈관'에 해당된다. 조명회로가 설치되면 곧바로 디머의 양을 계산할 수 있다. 디머의 양이 결정되면 디머를 커버하는 콘솔을 들여오게 되는 것이다. 여기서 중요한 것은 조명회로의 위치이다. 무대와 객석과의 관계가 어떻게 놓여 있느냐에 빛의 효과가 달라지기 때문이다. 전면에서 오는 빛은 가시화에는 뛰어나지만, 모든 것을 펑퍼짐하게 만들어 놓아 재미가 없다. 빛이 어디에 달렸는지 어떤 각도인지에 따라 다르게 보여진다.

회로의 분류 :
- 신호회로(콘솔과 콘솔 사이, 디머와 콘솔 사이에서 주로 정보를 주고받는 역할을 한다.)
- 전원 회로(디머와 조명기구 사이에 놓여져서 전력을 공급한다.)에서 혹은 디머와 조명기구사이에서 전력을 공급하는 것을 말한다.

④ 조명 유니트

조명 콘솔의 신호에 따라서 조명기구에 전기를 공급해 주는 장치를 말한다. 20개의 유니트의 채널이 있다면 20개의 조명기구를 사용할 수 있다는 뜻이다. 따라서 채널을 확보해야 연출을 할 수 있는 것이다.

❺ 이벤트 조명의 연출

조명의 연출은 전적으로 조명 엔지니어에 의뢰하여 운영하여야 한다. 그러기 위해서는 정확한 이벤트 내용과 현장 상황, 연출방향 등을 이벤트 PD가 제공하여야 하며 필요한 기본적인 조명지식을 습득하여 이벤트의 극적인 조명연출을 위한 협의를 가질 수 있도록 해야 한다.
① 조명은 이벤트 기획단계에서부터 반영되어야 한다.

② Staff Meeting은 빠를수록 좋다.

③ 조명 Plan을 초기에 작성하여 지속적인 협의가 요구되며, 우수한 장비를 사전에 확보하는 것이 중요하다.

④ 행사진행시의 순발력 있는 조명운용을 위하여 다른 분야의 이해가 요구된다.

6 Staff Meeting 및 Check Point

① Staff Meeting(스탭회의)

스탭회의는 이벤트 전체를 조화시키고 여러 시스템의 혼선을 방지하며, 일관성 있고 기승전결이 있는 이벤트 연출을 위하여 매우 중요한 요소이다.

Event PD는 Staff Meeting을 갖기 전에 다음과 같은 사항을 조명 시스템 분야를 성공적으로 수행시키기 위하여 준비하여야 한다.

② 준비사항

- 이벤트 장소에 대한 사항
- 조명에 대한 예산
- 연출 요구사항/출연자 요구사항
- 무대조건(크기, Back Drop 有無상태, Sight Line 등)
- 조명작업 준비 시간

- 리허설 시간

③ Check Point

이벤트 PD가 조명연출을 극대화하고 안전하고 원만한 이벤트 조명을 이루기 위하여 알아야 할 Check Point는 다음과 같다.

- 전원공급방식
- 정확한 무대구조 및 상태(무대위의 악기나 출연진 위치, 인원 등)
- 조명기구 설치 공간 파악을 통한 조명기종 선택에 대한 의견
- 행사주제의 설정(분위기 설정)
- 극적인 부분에 대한 타이밍
- 조명 Staff를 위한 행사장의 섭외채널(담당자)
- 조명도면의 인식

④ **조명관련 분야의 이해**

- 행사의 기준점 확립을 통한 시스템들의 중요도 설정
- 시스템의 기획, 설계
- 철저한 사전 체크
- 과감한 현장 판단

❼ 일반 조명 장비

조명의 종류는 한두 가지가 아니다. 또한 관점에 따라 그 분류도 다르다.

① **대파** : 조명 설치 시 가장 대중적인 조명으로서 일반인들이 한 번은 접해본 경험이 있는 조명이다. 개당 1KW의 전력이 소요된다.

② **소파** : 대파를 축소한 것으로서 대파의 용량에는 미치지 못하지만 무대 위의 사람을 장식해주는 역할을 한다. 한 개 당 250W의 전력이 소요된다.

③ **Bank Light** : 파 조명 여러 개를 조합하여 만든 조명으로서 강렬한 빛을 발산하여 보는 이로 하여금 카리스마를 느끼게 한다. 보통 4개에서 8개까지의 조합을 한다.

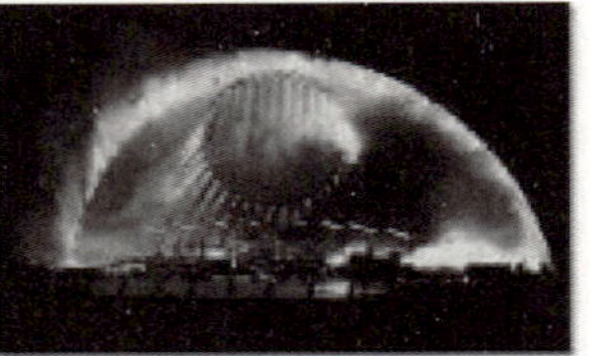

④ **FollowPin Spotlight** : 특정부분을 조명하여 강조하거나 연기자의 움직임을 따라 조명함으로써 미적 효과나 심리적 효과를 높여 연극의 내용을 돋보이게 하기 위하여 사용하는 조명 기구이다.

⑤ **Flood Light** : 반사경과 램프만 있고 렌즈

가 없어 빛이 넓게 퍼져 나온다.

⑥ **Beam Projector Light** : 포물선형 반사경과 구형반사경을 램프 가운데 두고, 서로 마주보도록 하여 빛을 쏘면 빛이 평행으로 쏘아지는 강한 빛을 말한다.

⑧ 특수조명 장비

① **Moving Light** : 360도 회전이 가능한 조명으로서 렌즈의 변화로 모양의 조합이 가능하며 프로그램의 설정으로 원하는 컨셉의 조합이 가능하다. 방송 및 야외 공연, 실내 콘서트, 기업체 행사 등 사용의 폭이 거의 무한대인 특수한 조명이다.

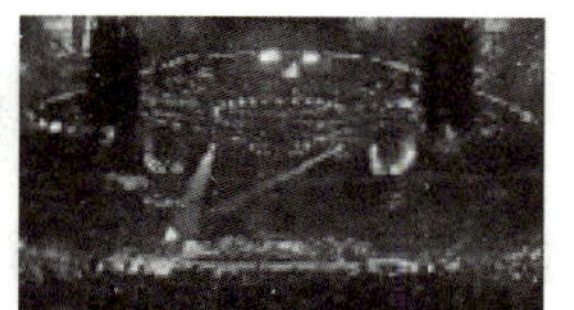

② **Fog Machine** : 조명의 효과 극대화를 위한 장비로서 조명이 뻗어나가는 방향 및 조명의 색감을 높여주는 장비이다

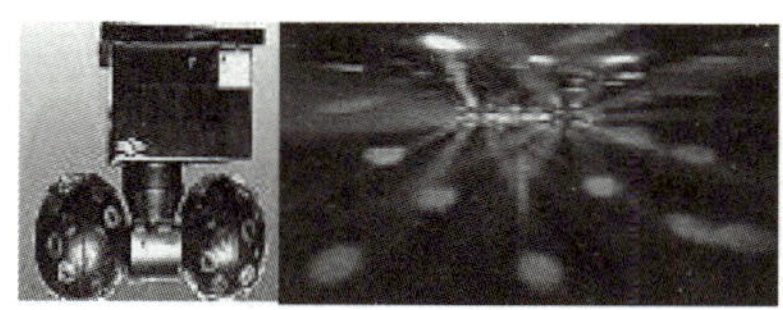

③ **Mirroball** : 둥근 공 모양의 구 표면에 많고 작은 반사유리가 접착된 형태로 구형 미러볼이 회전하면서 여러 각도로 빛을 반사하여 조광의 이동 스포트의 다중적인 효과를 얻을 수 있는 기구이다.

④ **Strobe** : 매우 순간적인 단파장의 빛을 내는 섬광효과를 이용한 조명기구이다.

Truss System

NO.	품명	규격	비고
1	ULTER HEAVY DUTY TRUSS	3M	
2	18" TOWER TRUSS	3M	
3	SLIVE/트러스 움직이는 기구	1SET	
4	SLECTION TRUSS/액세서리	2M	
5	CM MOTOR/트러스 움직이는 장비	1T	
6	CONTROLLER/모터를 작동하는 기계	4CH	
7	CABLE/전기선	1SET	
8	BASE/트러스 지탱하는 기구	1SET	
9	HEAD BLACK/트러스 체인을 거는 장비	1SET	
10	스펜세트/트러스지지용 장비	1SET	
11	중간지지대	1SET	
12	하부지지대	1SET	

Lighting Equipment

NO.	품명	규격	비고
1	PAR LIGHT	1KW	
2	VARI-6/무빙	400W	

NO.	품명	규격	비그
3	MAC 600/무빙	600W	
4	XENON FOLLOW SPOTLIGHT/롱핀	2KW	
5	DIMMER UNIT	KW	
6	DIMMER CONSOLE/Par 라이트콘솔		
7	EFFECT CONSOLE/무빙콘솔		
8	MAIN CABLE/메인 전기선	100Ø	
9	SUB CABLE/보조 전기선	14Ø	
10	KOLOR STREAM/썬플라워, 특수조명	4KW	
11	BANK LIGHT/소파	4구	
12	FOG MACHINE/스모그 기계	1.5KW	

Lift System(Optional)

NO.	품명	규격	비고
1	LIFE		PIN TOWER

표 5.2 장애인체전 전야제 조명 사용안

조명 메인 트러스

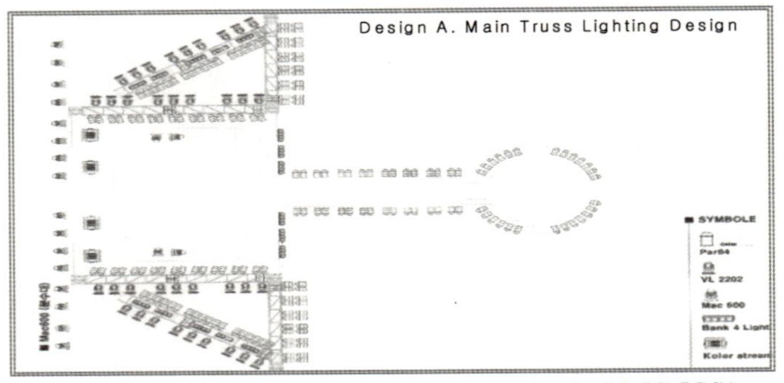

조명 연출 디자인

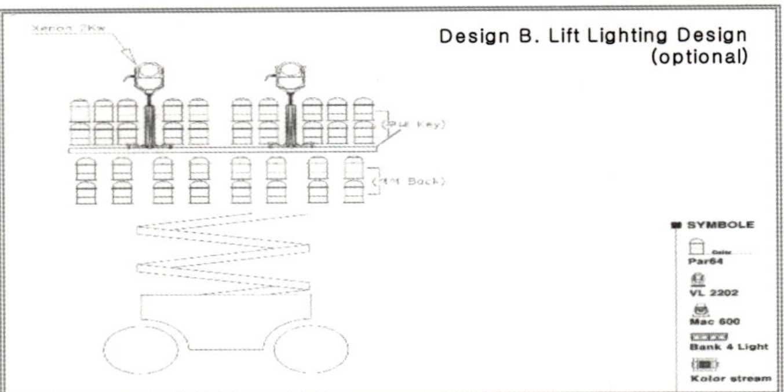

세 부 CHECK LIST

| 행사(장)명 | | List No. | 5-15/16 |
| 대분류 | Directing | 소분류 | 조명일반 · 특수 |

세 부 항 목	정량적 판단		정성적 판단					판단 사유	평가
	유(횟수)	무	A	B	C	D	E		
일반조명의 점검 및 액세서리 확인									
일반조명 기구의 종류/수량/크기									
특수조명의 점검 및 악세사리 확인									
특수조명 기구의 종류/수량/크기									
장비의 작동상태 확인									
행사목적에 맞는 다양한 연출효과									
세트 업 일정과 요원									
신뢰성이 있는 회사 유무 확인 (행사중심)									
신뢰성이 있는 오퍼레이트 유무 확인									
반입규모									
유니트 수량									
보유채널									
조명 콘솔 확인									
롱핀의 종류와 수량									
롱핀기사 확인 (유무선의 커뮤니케이션)									
전력공급 확인									

세 부 항 목	정량적 판단		정성적 판단					판단 사유	평가
	유(횟수)	무	A	B	C	D	E		
전기선 마감처리									
감전사고 예방확인 (접지)									
오퍼레이터와 롱핀 기사의 무대 집중 정도와 큐씨트 이해 정도									
연출자와의 커뮤니케이션									

비고

대행사 점검일자	년 월 일	담 당 자	□□
감리원 검수일자	년 월 일	감 리 원	□□

17. Laser(레이저)

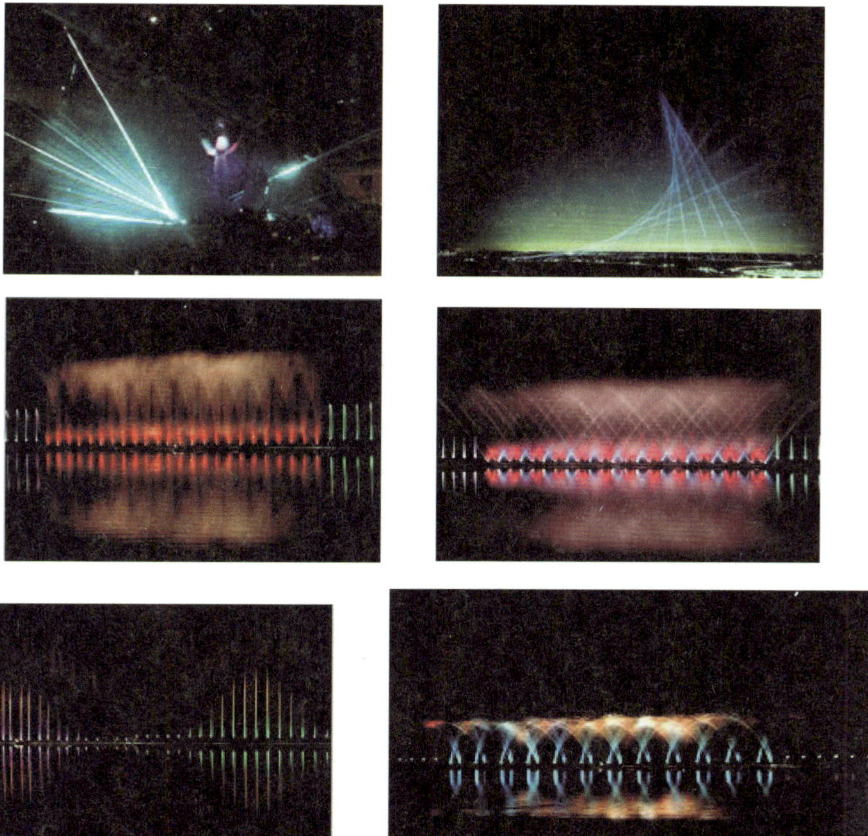

LASER는 Light Amplitication by Stimulared Emission of Radiation(유도 방출에 의한 광증폭)의 머리글자를 딴 것이다.

① 레이저 장비의 조광원리

방사의 유도방출에 따라 증폭된 빛으로서, 나오는 빛은 유도방출 물질이 가지고 있는 물질의 특성에 다라 생기는 스펙트럼에 따라 다르며 순수한 단색광이다.

② 레이저의 효과

- 레이저 광선은 공중에서 정지하는 3차원의 입체 이미지를 얻어낼 수 있도록 컴퓨터 컨트롤 시스템에 의해 프로그래밍 할 수 있다.
- 레이저의 파장패턴은 굉장히 역동적이다.
- 레이저의 연속적인 반사효과로 매우 세밀한 집중광의 빔을 얻어낼 수 있으므로 특별한 연출효과를 높일 수 있다.

③ 주의사항

- 레이저를 사용하는데 있어서 전력소비량을 잘 조절해야 한다. 만약 레이저로 최대한 효과
  를 얻으려고 한다면 낮은 전력의 레이저인 경우 다른 조명과 함께 조화를 이루어진 상태
  에서 어떤 스모그 효과를 필요로 한다. 레이저는 취급하기 어려운 장비이므로 안전관리에
  신경을 써야 하고 반드시 레이저를 전문적으로 취급하는 기술자에 의해 설치 및 조정해야
  만 한다. 주로 이벤트 행사에 있어서 레이저 쇼에 주로 사용된다.

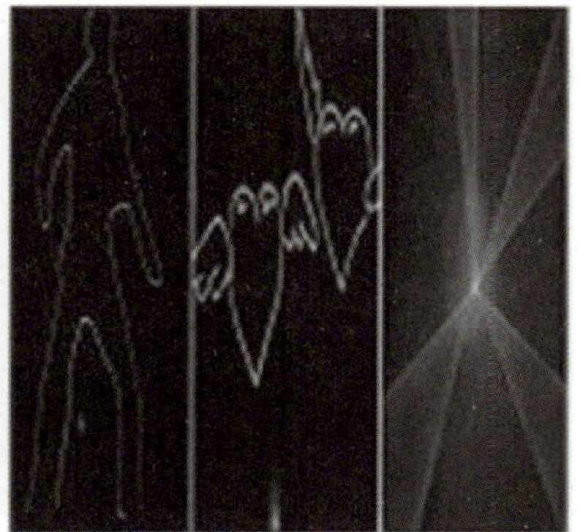

그림 5.26 LASER MOVING PROJECTOR

18. 음향

　음향은 인간의 감성을 자극하는 기능이다. 조명과 마찬가지로 대중들에게 가장 민감하게 다가 오는 오감이라고 할 수 있다. 조명과 마찬가지로 음향 또한 행사에 있어서 예민하게 반응하기 때문에 전문성이 중요시 되고 음향의 질적인 수준도 크게 반영한다.

❶ 주요 기재와 주의점

① 메인 스피커 시스템

　옥외 가설무대의 경우 스피커대와 조명 등의 세팅을 겸한 가설 스피커 탑 같은 무대 도구가 무대 좌우로 놓이는 경우가 많다. 일반적으로 그 가설 탑에 스피커 시스템을 쌓아 올리거나(스택), 플라잉이라고 한다. 예전에는 객석 뒤쪽(오퍼레이션 석)에 딜레이 스피커 시스템을 세트하는 것이 상식이었지만, 최근에는 스피커 시스템 자체가 발전해서 각각 세트되는 여러 대의 메인 스피커를 근거리용과 원거리용 시스템을 조합하여 구성함으로써 딜레이 스피커 시스템을 사용하지 않는 경우도 많아지고 있다. 또한 스택킹 뿐만 아니라 플라잉이 가능한 시스템이 지금은 표준이 되어가고 있다. 이제는 수많은 시리즈의 스피커들이 이에 대응하고 있는데, 간이 PA 시스템과 마찬가지로 스피커 본체 안에 프로세서와 파워앰프를 탑재한 셀프파워드 타입(Self-Powered Type)이 주류를 이루고 있다.

셀프파워드 타입의 이점으로는 플라잉을 할 때 앰프 랙(Amp Rack)을 둘 장소가 필요없어 그 만큼의 공간을 효과적으로 활용할 수 있고 컨트롤러에서부터 앰프까지 일체형으로 되어있기 때문에 배선 미스에 의한 트러블이 적다. 또 기재의 영도 줄일 수 있어서 운반 시 부담이 가벼워진다.

② 믹싱 콘솔

스피커 시스템과 마찬가지로 인풋의 수와 밴드편성 그리고 내용에 따라 사용할 타입을 정한다. 대형 콘솔의 경우에는 입력 할 인풋 수의 문제뿐만 아니라 출력 채널과 기능, 조작성, 음질 면에서도 이점이 크기 때문에 입력채널을 그만큼 사용하지 않아도 되는 정도 여유를 지닌 콘솔을 사용하는 경우도 있다. 특히 옥외나 가설 공연장인 경우 오퍼레이션 공간을 꽤 넓고 효과적으로 사용할 수 있기 때문에 다소 대형화가 되더라도 조작성을 우선시하는 것이 중요하다. 나아가 밴드에서는 메인 콘솔뿐만 아니라 모니터 콘솔도 필요하다. 모니터 콘솔도 메인 콘솔과 마찬가지로 내용과 인풋, 아웃풋의 수로 기저를 선택하는데 최근엔 피드백 모니터로 EAR MONITOR를 사용하는 경향이 두드러지고 있다. 그 경우 모니터 콘솔에도 EAR MONITOR 에 대응하는 스테레오 아웃이 많은 모델이 필요하다.

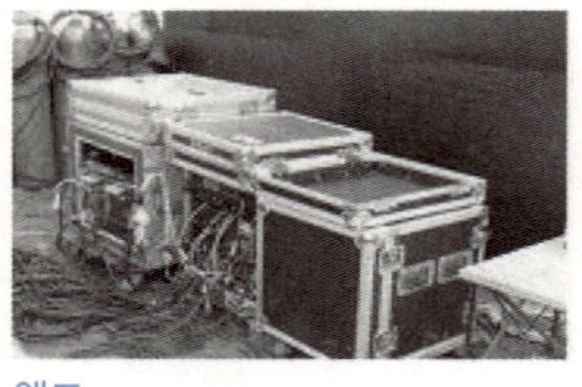

앰프

③ 파워 앰프

전기적 신호들을 증폭시켜 주는 장치이다.

④ 스피커

전기적 신호들을 앰프에서 출력하여 물리적 신호로 변환시켜 줌으로써 대중들의 귀에 들리게 하는 장치이다.

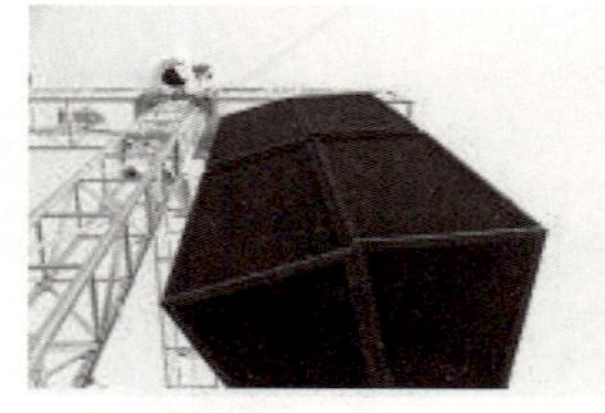

스피커 플라잉

⑤ 마이크로폰

마이크로폰은 간이 시스템처럼 SM58모델로만 20~30개로 할 수는 없는 일이다. 역시 음악성과 음질의 퀄리티를 추구하는 현장이기 때문에 수음하는 악기와 소스에 적합한 마이크로폰을 준비해야 한다. 보통 SHURE SM57, 58이 많이 TM이는데 요즘은 AUDIX.AKG의 다이내믹 마이크, BEYERDYNAMIC 등도 즐겨 사용된다. 또 키보드나 베이스라인 악기에는 COUNTRYMAN TYPE-85. BSS AR-133과 같은 다이렉트 박스(DI)를 잊지 말고 준비해야 한다.

또한 마이크의 개수가 많아지면 무대 위에서는 마이크 교환 등으로 혼란해질 염려가 있으므로, 마이크 선을 파트마다 다른 색으로 구분해 두면 실수가 적어진다.

TRYMAN TYPE-85.BSS AR-133과 같은 다이렉트 박스(DI)를 잊지 말고 준비해야 한다.

⑥ 모니터 시스템

소규모의 콘서트는 라이브 하우스의 모니터 시스템을 메인 콘솔에서부터 Aux Out을 사용하여 보내는 "하우스 되돌리기"를 한다. 그러나 대규모 콘서트의 경우에는 거의 대부분이 모니터 시스템을 사용한다. 하우스 엔지니어와 무대까지의 거리가 멀어 커뮤니케이션을 취하며 작업하기가 어려우므로 무대 옆에 모니터 전용 콘솔을 두고 뮤지션 모니터의 밸런스를 잡는다. 작업을 분할하여 원활히 진행할 수 있긴 하지만 나뉘어 있는 만큼 전체적인 음의 퀄리티에도 영향을 미친다.

⑦ 이퀄라이저

공연공간의 주파수 배열을 평행되게 만들어 줌으로써 공연에 맞는 음향상태를 만들어 주는 장치이다.

⑧ 전원

옥외나 가설 행사장의 경우, 전원이 설치되어 있지 않은 경우가 많으므로 충분한 전원을 확보해야 한다. 가설전원의 대부분이 제너레이터(Generator)로부터 공급된다. 제너레이터에서 PA용 C형으로 변환을 해서 받는 경우도 있지만 대부분이 터미널 출력으로 준비한 PA박스에서 각 기재에 전원을 공급한다. 전원은 매우 중요하므로 확실히 협의해 두지 않으면 현장에 가서 전원이 없거나 전원 취급 형태가 다르거나 전원용량 부족으로 모든 기재를 사용할 수 없는 사태에 부딪힌다. PA기재에서 필요한 전원량을 파악해 두는 것도 기본이다.

⑨ 주변기기

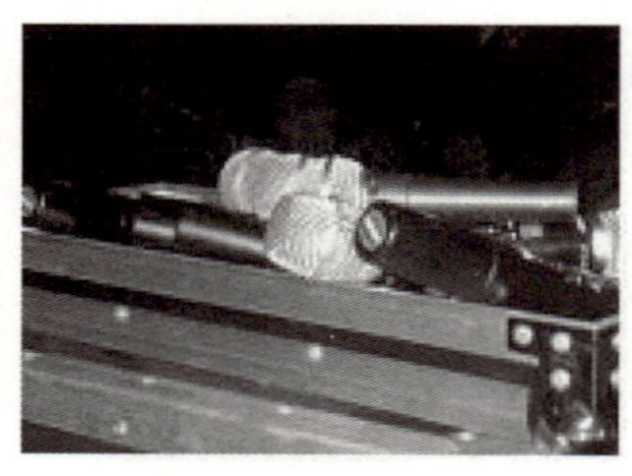

● 와이어리스 마이크 : 콘서트뿐 아니라 이벤트나 식전행사 등에 폭넓게 사용되고 있다. 케이블을 끌고 돌아다닐 필요가 없어 편리한 시스템이지만, 출력이 큰 업무용 와이어리스 마이크에는 전파법에 의한 규제가 있다. 단 적외선을 이용한 가라오케 마이크는 관계가 없다.

● 구성 : 음성을 전파로 발신하는 트랜스미터와 그 전파를 받는 수신유닛(안테나+리시버)으로 구성된다. 아무리 자유롭게 돌아다닐 수 있다고 해도 전파가 도달되지 않는 장소에서는 사용 할 수 없다. 무대 위에서 전파의 상황에 따라 음성이 끊기는 데드포인트(Dead Point)가

발생하는 경우가 있는데 그것을 피하기 위해 2대의 수신 유닛으로 동시에 전파를 받고, 어느 쪽이든 강한 쪽 신호를 선택 하여 출력하는 다이버시티(Divertsity)이 일반적이다.

● 인이어모니터시스템 : 와어이리스 이어폰을 이용한 차세대 모니터 시스템이다. 모니터의 음량이 너무 커서 무대 위의 음량이 커지만 메인 스피커에도 악영향을 미치지만, 이어폰이라면 그럴 염려가 없다. 또한 공연 시 무대 위를 이동하거나 모니터가 제어하지 않는 장소에서의 연주도 문제 없이 할 수 있는 등 라이브 모니터링에는 이상적인 시스템이다.

❷ 하울링 체크

① 하울링이란

기본적으로 PA에서는 무대 위 마이크에 의한 수음과 스피커에 의해 증폭된 음이 동시에 나므로 무대 위에서도 스피커에서 나오는 음이 들리게 된다. 때문에 경우에 따라서는 스피커로부터 나온 음이 마이크에 날아 들어가 그것이 차례로 증폭되어 "삐" 하는 소리가 발생한다.

② 하울링의 체크방법

하울링 포인트를 자동적으로 체크하여 순간적으로 그 포인트의 주파수만을 즉시 컷하는 편리한 시스템을 이용한다.

일반적으로는 엔지니어가 자신의 귀에 의지하면서 조정을 끝낸다.

❸ 야외에서의 주의사항

① 날씨, 기온, 바람, 먼지 등에 어떻게 대처할 것인가?

- 우천 시를 대비하여 오퍼레이션 부스에 텐트를 준비한다.
- 바람이 세게 불 경우를 대비하여 주위에 바람막이 할 만한 것을 준비해둔다.
- 스피커는 블루시트, 투명비닐시트를 준비해서 비가 오면 즉시 덮을 수 있도록 한다.
- 모니터 스피커도 보통은 스피커 면을 열어두어 언제라도 투명비닐시트를 덮을 수 있도록 한다.
- 콘솔, 스피커 시스템, 마이크나 기재 뿐 아니라 케이블과 조인트 부분에서 주의를 기울인다.
- 전원코드의 배선과 조인트 부분은 비가 오는 장소나 물이 고여 있는 장소를 피한다.
- 조인트 부분은 비닐로 보호한다.(멀티케이블, 캐논 커넥터) 위와 직사일광이 비추는 장소에서의 관리는 어떻게 할 것인가?
- 직사일광이 비추는 장소를 피하고 되도록 그늘에 세팅한다.
- 콘솔은 사용하지 않는 동안은 햇빛 차단용 실버시트 등을 덮어 햇빛을 피하고 통풍에 신경 쓴다.

무선 마이크 수신기와 앰프

하우스의 오퍼레이터 연출모습

그림 5.27 음향장비 예시

195

세 부　CHECK LIST

| 행사(장)명 | | List No. | 5-18 |
| 대분류 | Directing | 소분류 | 음향 |

세 부 항 목	정량적 판단		정성적 판단					판단 사유	평가
	유(횟수)	무	A	B	C	D	E		
음향장비 반입규모									
세트업 일정									
스텝간의 커뮤니케이션									
우천시 보호방안									
음향장비반입을 위한 각종 수송계획									
하울링 체크									
메인 스피커 개수									
메인 스피커 위치파악									
모니터 수량									
출연진 모니터 배치 및 커뮤니케이션									
마0 크 갯수									
전력공급									
안전사고									
무대FD의 집중정도와 큐씨트 이해 정도									
연출자와의 커뮤니케이션									
악기 의 점검상태									

세 부 항 목	정량적 판단		정성적 판단					판단 사유	평가
	유(횟수)	무	A	B	C	D	E		

비고

대행사 점검일자	년 월 일	담 당 자	□□
감리원 검수일자	년 월 일	감 리 원	□□

19. 음악

- 전체 행사의 분위기 유도 및 행사 표현의 다원화를 도모한다.
- 연출단과의 충분한 사전 커뮤니케이션을 통하여 정확하고 효과적인 작업을 실시한다.
- 연출의도의 변경으로 인한 급작스런 변경 및 추가 제작 상황 발생시 연출단과 협의에 신속히 진행한다.
- 양악·국악·편곡·작곡 등으로 세분화하고 전문가를 활용하여 효율적인 운영으로 작업의 질을 높인다.
- 모든 행사 음악들은 특정 연출 의도에 따른 현장 연주를 제외하고는 사전 녹음을 원칙으로 하며 이외의 특별상황 발생시에는 연출단과 협의 하에 처리한다.
- 식전 행사와 식후 행사의 모든 음원에 관한 관리를 한다. 주로 AR(반주 및 노래 녹음)를 사용한다. 공식행사에 사용되는 음원은 LIVE와 MR(반주녹음) AR(BGM, 반주 및 노래 녹음) 3종류가 있다.
- 별도의 음향시스템을 설치하여 음향을 효율적으로 전달하여야 한다.
- 라이브 연주 시에는 사전에 음향시스템과 악기의 점검 상태를 파악하여야 한다.

아날로그 믹서

기타 앰프와 베이스 앰프

드럼

그림 5.28 음향시스템과 악기 예시

20. 영상물

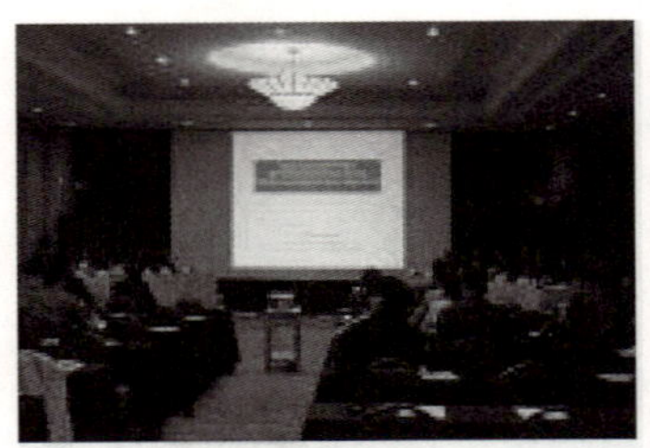

이벤트에서 영상물은 행사의 독창성을 돋보이게 해 주는 개체중 하나이다. 여기서는 이벤트의 영상을 왜 필요로 하며 어떻게 이용 할 것인가에 대하여 생각해 보아야 한다. 이벤트의 타겟과 현장분위기를 철저히 분석하여 영상물을 준비 하는 것이 중요하다. 또한 현장의 모든 요소를 최대한 활용한다면 효과적으로 전달 할 수 있을 것이다.

❶ 영상물의 효과

영상물은 행사의 주목율과 관객의 적극적인 참여율을 높일 수 있다. 또한 영상·문자·음향을 동원하여 입체적으로 행사 의 정보를 제공하여 행사중계 외에도 CF방영 및 하단 광고가 가능하다. 옆의 사진은 온 게임 넷에서 주최한 스타리그 전에서 행사 중계시 후원사의 광고를 하고 있는 모습이다. 이를 통하여 후원업체를 확보할 수 있으며 이에 따른 홍보 수익을 기대할 수 있는 것이다. 홍보효과가 큰 시간이나 장소를 선택하여 기존의 홍보 방법과 차별성을 두어 수시로 내용을 변경 할 수 있다.

❷ 이벤트 영상의 종류

- Opening, Attention/ Mood, Theme, Message 전달

- 경과보고 영상
- 홍보영상
- Situation 영상
- 인터뷰 영상(Testimonal)
- 메시지 영상
- 제품설명 영상
- Theme(Performance) 영상
- 개그 영상
- 기획 영상

❸ 영상 제작부문 운영원칙

- 행사에 관련된 영상 제작은 연출의도 및 전행 행사의 분위기를 최우선으로 고려하여 제작하여 독특성, 최고의 작품성을 나타낼 수 있도록 제작한다.
- 제작물의 주제는 행사의 기획의도를 반영한다.
- 상영 시에는 Tape Sign 작업이 필요하며 행사진행용과 예비용 2EA를 항상 준비하여야 한다.

21. 영상 system

❶ 멀티큐브란?(Video Wall System)

40'~50' Projector를 벽돌처럼 쌓을 수 있도록 제작된 산업용 Projector로 임의의 대형화면을 만들 수 있는 장비이다.

더불어 다양하고 화려한 영상 연출로 관람객의 시선을 끌고 호기심을 유발시키는 등 볼거리를 제공함으로써 설치 장소의 유동인구, 즉 잠재고객을 향한 목적한 Message를 강하게 전달함과 동시에 이미지를 제고하는데 목적이 있다.

멀티큐브	영상홍보차량
시간의 제약 없이 광고하고자 하는 내용을 고객들에게 보여 줄 수 있다.	기존 매체들의 특징과는 달리 Main Target을 찾아 움직이는 최첨단 디지털 영상광고 매체이다.
중계 촬영을 겸함으로써 행사장 화면을 실시간으로 화면에 보여줄 수 있다.	시간의 제약 없이 광고하고자 하는 내용을 차량 디스플레이를 할 수 있으므로, 차량 자체만으로도 광고 효과를 기대할 수 있다.
광고주가 알리고자 하는 내용을 다양한 영상을 통해 표현 가능하다.	행사 시작 전 홍보차량을 통한 사전광고, 홍보활동을 통해 고지 효과의 극대화를 꾀할 수 있다.
대형 행사에서 고객들의 시선을 한 곳으로 모아주는 역할을 한다.	장소의 구애를 받지 않으므로 언제 어디서나 활용할 수 있다.
다양한 효과를 통한 고객들의 쉬운 이해를 돕는다.	

② LCD 프로젝터

비디오, DVD, 컴퓨터 영상 등에 많이 쓰여 지며 사용용도가 다양하다.

• LP−XF45

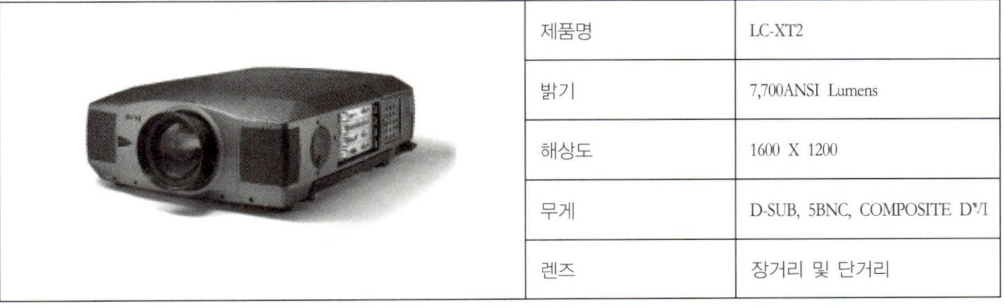

제품명	LP-XF45
밝기	10,000ANSI Lumens
해상도	1600 X 1200
무게	D-SUB, 5BNC, COMPOSITE DVI
렌즈	장거리 및 단거리

• LC−XT2

제품명	LC-XT2
밝기	7,700ANSI Lumens
해상도	1600 X 1200
무게	D-SUB, 5BNC, COMPOSITE DVI
렌즈	장거리 및 단거리

• PLC-EF30

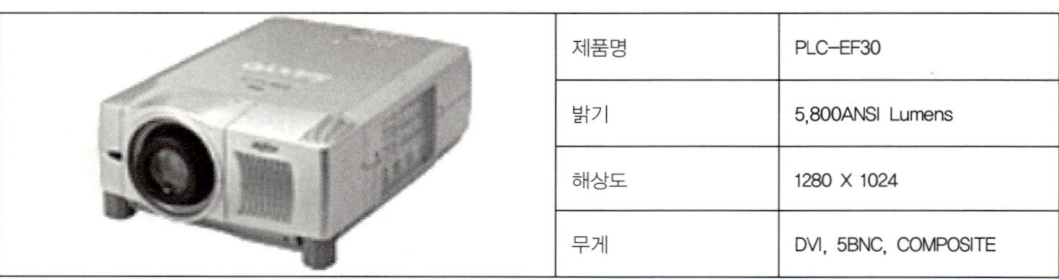

제품명	PLC-EF30
밝기	5,800ANSI Lumens
해상도	1280 X 1024
무게	DVI, 5BNC, COMPOSITE

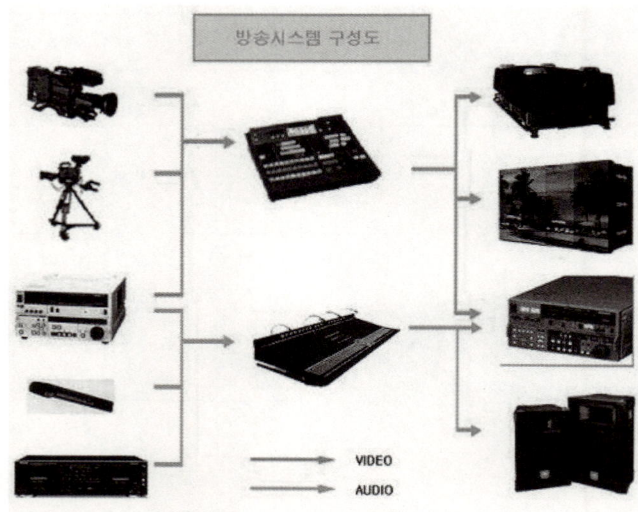

❸ LED 전광판

다이오드(錢光, Light-Emitting Diode) 단위소자(pixel)로 구성된 Full Color 전광판으로 초대형 화면의 강력한 음향을 자랑하는 LED 전광판 차량은 내구성이 뛰어나 밝은 낮에도 선명한 화면을 제공한다.

● LED

- **FM** 영상 전광판 시스템은 타 영상 매체를 보완할 수 있는 새로운 첨단 매체로서 1,500만 풀칼라이며 화면 연결 부분이 전혀 없이 전체가 하나의 화면으로 표현되므로 깔끔하며 비디오와 그래픽, 문자 및 애니메이션 화면을 표출한다.
- 태양 아래서나 밤무대 조명 아래에서 다양한 밝기 조절과 칼라조절이 가능하며, 색온 조절로 행사 분위기를 연출하는데 효과적이다.
- 환경에 맞는 사이즈로 확대, 축소가 가능하며 모듈 두께가 얇아 외관이 산뜻하다

● 전광판

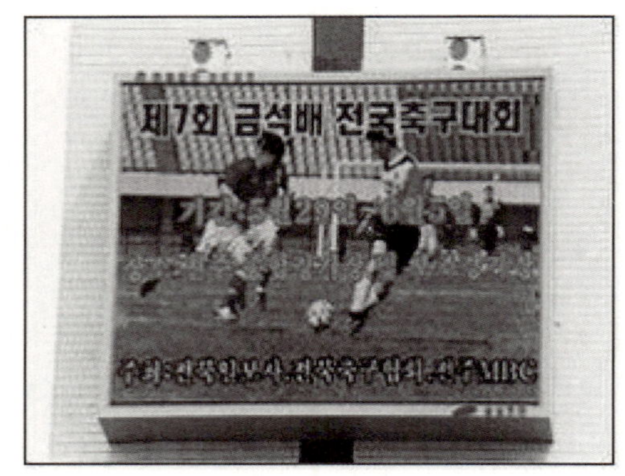

4 스크린

스크린 높이를 자유자재로 조절할 수 있고 뛰어난 구조적 설계로 만들어진 알루미늄 다리로 인해 최대한의 안정감을 준다. 내장 잠금장치로 운송 중 안전하며 움직임을 막아준다. O.H.P를 통한 교육 시 활용을 하며 저렴한 가격 장소에 제약이 없이 자유로이 설치가 가능하다.

Real 스크린

LED

그림 5.29 영상시스템 예시

세 부 CHECK LIST

행사(장)명		List No.	5-21
대분류	Directing	소분류	영상 system

세 부 항 목	정량적 판단		정성적 판단					판단 사유	평가
	유(횟수)	무	A	B	C	D	E		
영상장비 반입규모									
세트업 일정과 요원									
영상장비 반입을 위한 각종 수송계획									
스크린									
액정프로젝터									
슬라이드 환등기									
OHP									
실물화상기									
DVD Player									
LED / LCD									

비고

대행사 점검일자	년 월 일	담 당 자	□□
감리원 검수일자	년 월 일	감 리 원	□□

22. 영상중계

❶ 영상부문 시스템 및 중계 부문 운영원칙

- 영상중계를 위해 활용되는 하드웨어는 다양하다. 보통 멀티큐브는 공연할 때 많이 쓰이며 예산이 확보되지 않았을 경우에는 멀티비전을 사용하거나 대형 스크린을 사용하기도 한다.
- 시스템을 어떤 것으로 할지가 정해지면 그 다음은 규모를 정해야 한다. 행사장의 크기와 무대상황을 고려해 큐브나 멀티비전을 4 by 4로 할지 4 by 6으로 할지 등을 정해서 발주를 해야 한다.
- 스크린을 사용할 경우는 액정비전이나 프로젝트 빔 같은 장비도 준비해야 한다.
- 행사규모에 맞춰 카메라 팀을 선정하고 이에 맞는 시스템을 정한다.
- 지미짚(무인크레인), 유인크레인, 레일 등을 깔 수도 있다.
- 영상관련 장비는 현장중계를 위한 중계 장비 및 송출·방영장비와 행사연출과 관련돈 특수 영상장비로 구분되어 운영한다.
- 현장중계는 공중파 방송 중계영상을 주 영상으로 방영하고, 보조영상으로 사전 제작한 연출 관련 영상과 자막 처리된 연출 시놉시스 및 기타 제작물을 방영한다.
- 행사 당일 공중파 중계방송 외에 행사장 관객들을 위하여 별도의 현장 중계 송출망을 구축한다.
- 영상물 상영은 다양한 시스템을 이용하여 중계
  - 주요 영상물 상영 : 점보트론
  - 특수영상물 : PANI Project, 레이저를 이용하여 대형 그물스크린

・공영 연출개요 및 행사구분 자막 : 행사장 전광판

중계차(Outdoor broadcastion Van : OB Van)
방송국에서 떨어져 있는 장소 등에서 중계방송 하고자 할 때 중계방송에 필요한 일체의 장비를 실은 자동차이다.

중계차

중계차 Cable-200m

중계차와 카메라 감독

중계차 RCP-3631

중계차와 카메라

－영상중계 · 온게임넷
스타리그전 영상물은 행사의 분위기와 컨셉에 맞게 연출되어야 한다.

그림 5.30 영상중계장비 예시

세 부 CHECK LIST

행사(장)명		List No.	5-22
대분류	Directing	소분류	영상중계

세 부 항 목	정량적 판단		정성적 판단					판단 사유	평가
	유(횟수)	무	A	B	C	D	E		
현장중계 장비 배치도									
현장중계 장비 수량확인									
카메라									
중계차									
발전차									
ENG 카메라 (관객석 기록 녹화용)									
SWICHER (점보트론 중계용)									
VCR (BETA, VPB용)									
COMFIX (현장 자막 송출용)									
트랜스 (전력안정용)									
카메라의 동선확인									
담당자 및 역할분담									

비고

대행사 점검일자	년 월 일	담 당 자	□□
감리원 검수일자	년 월 일	감 리 원	□□

23. 지미짚 외

❶ Move Jip란

   Move Jip이라고 불리며 기존에 사람이 타고 촬영을 하던 유인크레인을 무인으로 작동이 가능하도록 제작된 것으로 크레인과 같은 기구 끝부분에 카메라를 장착하고 상하좌우로 움직여 촬영을 할 수 있는 기구이다.* 이동용 카메라 ENG(Electronic News Gathering)와 동시에 주변상황 스케치 연출을 할 수 있는 장점이 있다.

> ***ENG란**
>
> • ENG는 종전의 필름카메라와 달리 비디오 테이프를 사용함으로서 촬영 후 필름의 현상과정 없이 바로 방송이 가능하고, 스튜디오 카메라와 달리 크기가 작아서 기동성이 있고 경제성이 있다

❷ Move Jip의 특징

   기존의 유인 크레인에 비해 훨씬 더 부드럽고 섬세한 카메라의 움직임이 가능하며 상황이나 조건에 따라서는 빠른 움직임도 가능하여 정교한 그림을 연출할 수 있다. 이동과 조립이 간편하며 견고하고 짜임새 있는 연결 구조를 갖고 있다. 크레인의 길이가 길수록 진등이 적다. 또한 고차원적 이미지의 연출이 가능하여 영상물의 질을 향상시켜 수준 높은 영상물을 제작할 수 있는 기반을 조성해 준다.

그림 5.31 지미짚 장비 예시

24. 특수효과

❶ 특수효과란

시각적·공간적 매체 즉, 인간의 오감 중 "본다"라는 기능을 충족시켜 주는 것으로 공학적인 기술과 예술적인 감각이 합쳐진 이벤트의 꽃이라고 표현할 수 있다.

특정 장소에서 제한된 시간 안에 특정 다수에게 보다 특별한 효과를 보여줌으로써 보다 무대를 화려하게 재창조 시켜주는 작업이다.

이벤트에서 특수효과란 다양화되고 선진문화가 발달되어 갈수록 대중들에게 보다 자극적인 욕구를 충족시켜 주기 위하여 그 중요성이 더해지고 있다. 특수효과란 일회성을 가지고 있기 때문에 이벤트 현장에서 그 빛을 발할 수밖에 없는 것이다. 무대의 조명과 음향은 필수 장비이지만 이들은 행사 내내 연속적인 성격을 지닌 반면 이벤트는 이와는 다르게 일시적인 성격을 갖고 있다는 점에서 대비된다. 따라서 단순한 전기적인 효과를 전제로 순간성과 시각적·청각적·예술성을 지닌 분야라고 할 수 있다.

❷ 특수효과 기재의 종류

- 3코메트 : 골드칼라의 불꽃이 긴 꼬리를 달고 유성처럼 날아가는 화약
- S프리즘 : 홍색과 녹색의 불꽃이 꼬리를 달고 기둥을 형성함
- 5'연막마인 : 오색의 연막이 부챗살 모양으로 솟아오르며 막을 형성

주로 기공식에서 사용하며 연기의 규모 및 발파의 컨셉 등을 사전에 상호 협의를 거친 후 시연해야 한다.

CO2

● 흰색 탄산가스 기둥 수직으로 분사 : 무대 위에서 순간의 효과와 적당한 길이의 효과로 무대 위의 조명 및 출연자의 등장 효과를 극대화 시키는 역할을 한다.

비누 방울

● 방울을 넓은 공간에 대략으로 분출 : 출연진이나 행사의 컨셉에 따라 적절하게 효과를 낼 수 있다.

에어 샷

● 압축된 가스를 분사하여 꽃가루 발사 : 주로 행사의 컷팅식에 사용하며 수많은 꽃가루와 릴 테이프를 하늘로 치솟게 한 뒤 폭포처럼 떨어져 내리는 연출이 가능하다.

포그머신

● 조명의 효과를 극대화시키기 위하여 조명을 행사와 맞는 컨셉으로 시연했을 때의 빛의 모양과 색깔의 조화를 뚜렷이 하는 효과를 낼 수 있다.

분수불꽃

- 무대 행사시 가장 많이 쓰는 특수효과로서 순간 불꽃이 발사되면서 10초간 분수처럼 불꽃이 터지는 다양한 컨셉을 연출할 수 있다.
- 타이밍이 중요하며 행사 전에 모든 행사가 끝나야 하기 때문에 행사의 컨셉 및 출연진의 확정이 미리 선행되어야 한다.

드라이아이스(LN2)

- 낮게 깔리는 흰색의 기체를 분사.

불기둥

- 수직으로 타오르는 불꽃연출
- 무대행사 시 중세적인 분위기나 순간적인 발광 효과를 연출할 때 사용한다.
- 순간적인 발광 효과는 화이어를 공 모양으로 만들어 날림으로서 연출한다.

TUS 샤인

- 분수불꽃을 이용하여 햇살모양의 불꽃을 내는 연출이 가능하다.

에어건

- 릴테이프를 분출할 때 사용하는 나팔모양으로 생긴 것이다.

축포

- 릴테입 분출할 때 사용하는 대포 모양으로 생긴 것이다.

프로트 카

- 조명을 이용하여 빛을 형형색색 연출함으로써 형태를 드러내는 것이다.

플라잉 가이

- 630m의 길이로 자유자재로 움직이는 광고효과를 내는 춤추는 인형이다. 각종 지자채 행사나 스포츠 행사에서 많이 사용된다.

옥토퍼시

- 바람을 이용하여 천을 상승시키는 장치를 말한다.

상승바보트

- 어떤 조형물을 상승시키는 장치를 말한다.

❸ 주의사항

- 특수효과 운용 시 발생할 수 있는 장비, 부자재의 운용 불능 시의 대체방법을 확인하라.
- 운용 시 발생할 수 있는 안전사고의 방지 대책에 대비하라.
- 설치 운용 시 변동사항과 협조사항에 대한 감독관과 주변 업체와의 협조를 구하라.
- 특수효과의 장비는 유사시를 대비하여 주요 SPARE PART의 20%를 보유하여야 한다.
- 소모성 자재는 유사시를 대비하여 100% 동종 또는 대체품을 보유해야 한다.

- 행사장 투입 장비는 행사장 특성에 맞도록 설치함을 원칙으로 하며 공중에 띄우거나 매다는 장비, 관중 중에 투입되는 장비 등은 안전장치 및 안전요원을 배치하여야 한다.
- 소요되는 전력선은 장비가 요구하는 전력의 150% 이상의 정격과 내구성이 강한 것을 사용 한다.
- 모든 전원 계통은 접지를 설치하며 특히 고부하의 경우 접지 및 누전에 특히 유의해야 한다.
- 화약 사용할 때 장소, 안전요원, 안전수칙, 소화기 등 사용조건에 적합하지 않을 경우에는 운용을 할 수 없다.
- 배전 시 음향배선과의 간섭을 고려하여 사전 협의를 해야 한다.
- 배선은 미관을 고려하여 행사장 특성에 맞춰 간결하게 배치한다.
- 화약류 및 일반 장비 등 저부하의 경우 음향, 조명 등과 협의 하에 전원을 공용할 수 있으나 고부하의 경우 상호 간섭 배제를 위해 단독전원을 사용해야 한다.
- 행사에 소요되는 모든 특수효과 장치물 및 그에 부대 되는 시설물은 우천 시에 대비하여 보호 장비를 갖춘다.

25. 타상연화

　수많은 폭죽 중에서 가장 화려하고 장엄한 효과를 주며 행사에서 가장 메인 무대에 설치를 한다. 장소, 참가자, 출연자, 시스템, 행사 컨셉의 요소에 따라 제작한다. 기존 무대에서 트러스를 활용한 무대가 많이 등장한다.

　폭죽은 일단 세 종류로 분류가 된다. 장난감 꽃불류, 장치 연화, 타상연화 이렇게 분류가 되는데 그중 장난감 꽃불류는 일반인들이 사용 할 수 있는 폭죽 이다. 그리고 장치 연화와 타상연화는 이벤트용 폭죽이다. 장치연화는 대형연발류 폭죽을 말하며 타상연화는 대포알 같이 생긴 것을 긴 통 안에 넣어서 사용하는 것이다. 그리고 장난감 꽃불류에서는 단발류, 연발류, 로망류,분수류, 스파클라로 구분되며 단발류는 한발이 올라가서 공중에서 연화를 하는 것 연발류도 공중으로 올라가서 연화를 하는 것, 로망류도 공중에서　연화를 하는 것이고 분수류는 분수모양처럼 연출을 하는 것이다. 연발류는 단발류에 비해 화력이 약한데, 그것은 우리나라 화약류법에 의하여 10g 이하의 화약을 사용하기 때문이다. 단발류는 10g 화약을 한번에 다 사용하는 반면 연발류는 여러 개로 나누어 사용하기 때문에 단발류의 위력이 훨씬 크다. 타상연화를 설치할 때 체크해야 할 점은 행사성격, 규모에 맞는 연화옥을 사용하는지 발상장소를 확보하였는지 비상시 화재를 대비한 장비를 확인하고 화약류 양도·양수의 허가신청서가 있는지 확인해야 한다. 또한 개, 폐막식, 부대행사 연출시 행사 전 Cue sheet를 충분히 숙지하고 연출자의 Cue sign에 따라 연출한다.

그림 5.33 타상연화 연출 예시

그림 5.34 불꽃놀이 연출 예시

26. 불꽃놀이

　불꽃놀이는 화약으로 제조되어 옥이 있다. 불꽃대회에서 사용되는 연화옥의 크기는 물론 예산에 의하는 것이지만 불꽃대회에서 쏜 연화옥이라는 동그란 구슬처럼 만들어진 것으로 연화옥의 크기는 2inch부터 3, 4, 5, 6, 7, 8, 10, 12inch의 쏘아 올릴 수 있는 최대의 옥의 크기는 보안거리에 의하여 한정된다. 이것은 발사하는 장소에서 관객이라든지 부근의 건물까지 옥의 크기에 맞춰서 일정의 거리(10호로서 반격 290㎝ 등)를 두어야 한다. 보다 넓은 보안거리가 확보될 수 있는 장소에서는 예산의 범위 내에서 큰 옥(玉)이 쏘아 올려질 수 있지만, 반대로 대도시 근교에서는 발사장소가 협소하여 작은 옥들을 사용한다.

　실제의 연화옥의 발사 전에 옥의 크기, 도달고도, 개화됐을 때의 크기가 다른 것은 제조자의 옥의 종류, 내용에 따라 일정하지 않기 때문이다.

불꽃놀이는 여러 가지 화학 물질이 채워지고 퓨즈가 설치 된 로켓탄이 공기 중으로 발사되고 이 퓨즈가 타 버리면 화약이 발화되면서, 화학 물질을 태운 불꽃이 온 하늘로 퍼진다. 이때 현란한 빛과 소리가 난다.

이 빛과 소리는 여러 가지 화학 물질들을 들뜬 상태로 만드는 데 필요한 에너지를 만들어 내는 화학 반응에 의해서 나온 것이다. 방출되는 빛은 흥분 상태에 있는 원자가 바닥상태로 떨어지면서 나온 것이다.

각 원자는 특별한 파장의 빛을 내놓는데, 가시광선 영역의 파장의 빛이 색깔 있는 빛으로 보이는 것이다. 예를 들어, 방출된 빛의 파장이 650mm 근처이면 붉은색으로 보이고 450mm 근처의 빛이면 파란색으로 보인다.

불꽃놀이의 여러 가지 색깔은 금속 원소의 불꽃반응을 이용한 것이다. 노란색은 나트륨 이온에서 방출되는 빛에 의한 것이고 붉은색은 스트론튬염에서 방출되는 광선에 의한 것이다. 또한 알루미늄이나 마그네슘 금속은 단순히 흰색을 나타낸다. 우리가 쉽게 구할 수 있는 흰색의 불꽃이 바로 이 금속을 사용한 것이다.

대부분의 불꽃놀이에서 사용되는 연료는 황이나 알루미늄이다. 이것들은 산소와 느리게 반응한다. 효과 있는 기체상태의 산화제는 과염소산 칼륨($KClO_4$)이다. 과염소산 칼륨은 밝고 흰 불꽃을 내면서 연료를 산화시킨다. 여기에서 생기는 열이 연료와 산화제로 가득 찬 여러 가지 원소들을 들뜨게 한다.

한마디로 금속 원소의 고유한 특성인 불꽃색을 이용하여 화려한 색을 만든다. 불꽃놀이에도 행사성격, 규모에 맞는 연화옥을 사용하는지 발상장소를 확보하였는지 비상시 화재를 대비한 장비를 확인하고 화약류 양도·양수의 허가신청서가 있는지 확인해야 한다.

밤하늘을 아름답게 수놓는 불꽃놀이를 볼 때면 우리는 항상 신비로운 환상에 사로잡힌다. 큰 축제가 있을 때나 특별한 일이 있을 때 축제 분위기를 내는 데 이렇게 좋은 재료는 없을 것이다. 불꽃놀이를 통한 행사나 축제에 참가한 사람들에게 감동을 주기 위해선 행사 권위에 맞는 디자인과 충분한 양은 필수적으로 체크 할 사항이다.

27. 소품

소품이란 행사가 진행되는 동안 사용하는 소규모의 물품 또는 장치물이다. 즉, 조명, 무대장치, 의상을 제외한 것을 말한다. 사소하고 작은 것들이지만 행사에서 의미나 목적을 전달하는 중요한 수단이 될 수 있다. 따라서 목록을 준비하여 위치, 수량파악을 명확히 해주어야 한다.

일반적으로 소품은 테이블, 의자, 나무 등 배경으로 고정되어 있는 무대소품(가구소품)과 사방화, 사진, 커튼 등 장식소품(장식소품), 음료수, 마이크, 대본 등 움직일 수 있는 행위소품으로 나눠진다.

소품을 담당하는 전문 인력을 배치하고 소품목록을 토대로 배치장소, 투입시기, 수량 등을 파악하고 사전 리허설을 하여야 한다. 관련 협찬사 후원 및 MD(Merchandising) 상품개발을 통해 충분한 준비를 통한 작업이 이루어져야 한다.

❶ 소품팀

전체소품을 감독·관리하는 소품 팀장을 비롯하여 소품제작자, 제작팀, 기성품의 소품을 조달하는 작업자들과 관리·유지·보수하는 팀원들이 구성되어 있다.

❷ 필수항목

- 진행 시나리오에 맞는 소품 위치와 담당자를 명시한 소품목록
- 시나리오에 맞게 소품의 동선 확인
- 소품 제작 및 보관을 하는 소품실

- 소품을 배치해두는 테이블
- 깃발 같은 긴 소품을 두는 꽂이

그림 5.35 난타 "도깨비 스톰" 무대소품 예시

28. 특수소품

특수효과가 포함된 소품을 말한다. 실제와 같은 모양을 하고 있지만 그 행사만을 위해 특수한 재질이나 형태로 만들어진 것이다. 따라서 특수소품은 의미전달에 있어서 그 가치나 존재의미가 무엇보다 크다. 특수소품 또한 사소하고 작은 것들이지만 행사에서 의미나 목적을 전달하는 중요한 수단이 될 수 있다는 점을 명심해야 한다. 행사에 사용되는 소품 하나로 대외적으로 공신력 있는 행사로 비춰질 수 있기 때문에 소품 하나하나에 신경을 써 현장감각과 디자인성을 겸비한 것으로 제작하여 향후 EI(Event Identity) 개발 시 포함 시키는 것도 좋은 방법이 될 수 있다.

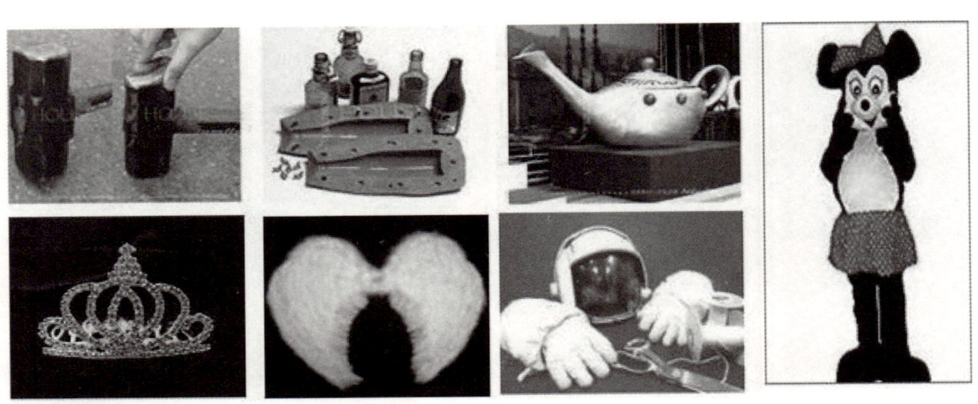

그림 5.36 특수소품 예시

그러므로 특수소품이 요할 때는 담당자를 배치시키고 그 목록을 만들어 수량과 소품상태를 확인하여야 한다. 또, 진행 시나리오에 맞춰 위치와 사전 리허설을 한다.

특수소품은 영화, CF, 이벤트 소품으로 사용된다. 예를 들어 특수조형물, 슈가글래스, 왕관, 임산부 배, 액션용 칼, 우주복, 미래의상, 작은 소품 등을 사용한다.

29. 의상

　의상은 어떤 이미지를 구축하는데 있어서 중요한 역할을 한다. 이미지를 표현할 때 색감, 형태, 길이, 악세사리 등 구성요소 하나하나의 영향을 받는다. 따라서 의복 디자인을 할 때에는 표현하고자하는 대상의 성격, 의미, 목적 등을 표현할 수 있어야 한다.

　의상은 보통 의상업체에서 대여를 하는데, 대여상품에 따라 가격은 다를 수 있다 보통 대여 업체에서는 상품에 보증금을 포함하여 대여비를 받고 각 업체별로 보유하고 있는 상품의 수량이나 상태에 따라 그 가격은 차이가 있다. 행사나 축제에 쓰여지는 의상들은 사회자, 출연진, 시민참여자, 스텝에 대한 의상, 메이크업, 헤어에 이르기 까지 그 행사가 가지는 움직이는 이미지라고 할 수 있기 때문에 전체적인 통일감이 필요하다. 그러기 위해서는 별도의 의상 스타일리스트(Stylist)를 배치한 후 협찬사를 유인해 낼 수 있어야 한다. 잘 디자인 되어진 의상으로 상품기획을 통한 MD(Merchandising) 상품개발로 이어 질 수 있어야 한다.

❶ 의상의 역할

① 볼거리

　인물의 이미지를 표현하기 이전에 의상 자체만으로도 볼거리를 제공한다. 예를 들어 순수 예술 공연에서는 극의 인물들의 화려하거나 독특한 의상으로 관객의 눈을 즐겁게 한다. 또 일반 공연예술에서도 가수나 연기자, 사회자 등의 행동 이전에 의상을 보고 평가하게 된다.

② 인물 이미지 표현

관객은 인물의 말과 행동을 통해 성격을 의식하고 의상을 통해 굳혀간다. 이런 의상을 통해 인물의 심리상태까지 표현이 된다. 따라서 의상만으로도 인물을 간접표현 해준다.

③ 행사의 의미 및 목적 간접전달

의상은 인물의 이미지를 표현하면서 말하고자 하는 의미를 그 속에 부여해준다. 극에서는 의상의 표현에 따라 인물 심리상태를 극대화시킬 수 있다. 행사진행에서는 스텝들의 의상을 통해 행사의 목적과 의미를 각인시켜준다.

❷ 의상 준비사항

- 의상진행 목록 준비
- 의상의 수량 및 착용자 명단
- 의상 제작과 보관
- 의상관련 소품 준비
- 급수선 준비

그림 5.37 의상 예시

30. 교육비

인력관리는 순조로운 행사진행에 있어 가장 중요한 사항 중 하나이다. 참여한 모든 인력들의 움직임에 따라 행사의 이미지가 결정되기 때문이다. 따라서 인력선발, 교육, 관리는 조직화되고 세밀한 계획이 필요하다. 전 참여자의 사전교육을 통해 역할 배치 및 행사 목적을 주지 시켜 참여인력 모두가 행사의 주체라는 자세로 임할 수 있도록 행사 약 30일 전부터 최소 5회어 걸친 전체교육이 필요하다. 인력 구성은 운영위원회를 축으로 전체 진행을 이끌어갈 진행요원, 도우미, 도슨트, 자원봉사자, 전문인력, 청소요원, 보안요원 등으로 이루어진다.

인력들은 직접선발 또는 위탁모집을 통한 운영으로 이루어지며 각 담당리더를 두어 원활히 운영될 수 있도록 한다. 또 각 역할별로 사전 교육을 통해 행사의 중요성과 의의, 목적을 주지시켜주고 그에 따른 인력들의 사명감을 부여하여준다.

표 5.3 인력구성 및 업무 내용

구 분	업 무 개 요	비 고
운영위원회	• 회장 전체운영 • 운영 인력관리 총괄 • 조직위원과 진행팀과의 고리를 만들어 준다.	
진행요원	• 행사전체 진행요원 • 각종 업무 전담요원	
도우미	• 입장하는 관람객에게 안내 서비스 제공인력 • VIP 영접, 안내, 환송 서비스 제공 • 통역 요원 • 행사장 안내 업무	전믄 업체
도슨트	• 전시관 내 작품설명	아르바이트
자원봉사자	• 각종 업무 보조 및 지원인력 • 기타 운영에 필요한 제반 업무	
전문인력	• 전문성 띄는 시스템, 시설물 전담인력	각 전문가
청소요원	• 청소 전문 인력 • 유관기관 및 별도 전문 업체 인력	전믄 업체
보안요원	• 경비, 보안 전문 인력 • 유관기관 및 별도 전문 업체 인력	전믄 업체

❶ 진행요원

진행요원은 행사의 주된 핵심 인력이다. 따라서 충분한 시간을 두고 지속적인 인력확보와 교육을 병행하여야 한다. 진행요원은 각자 맡은 역할에 대한 충분한 숙지가 필요하며 사전 리허설과 시나리오를 완벽히 알고 있어야 한다.

진행요원은 행사 주제를 빠르게 이해 할 수 있는 인력을 선발하는 것이 좋다.

선발된 인력들은 운영요원의 행동요령과 운영요원의 중요성, 업무배치도, 업무요령, 행사장 위치 및 현황, 대처요령, 안전교육 등을 교육받게 된다.

❷ 도우미

도우미는 안내도우미, 통역도우미, 의전도우미로 구분할 수 있다. 도우미는 행사장에서 가장 먼저 보이는 요원으로 행사장의 얼굴이 되기도 한다. 그만큼 사전교육도 철저하게 이루어져야한다.

단일행사인 경우 도우미 모집 및 선발은 전문용역업체에 위탁하는 것이 여러모로 효율성을 가질 수 있다. 통역도우미는 일반적으로 안내도우미와 같은 역할을 하게 되고 의전도우미는 도우미 중 우수한 인재로 구성되어있다.

도우미는 기본예절, 나레이션 기초훈련, 접객훈련, 메이크업, 업무배치도, 행사장 위치 및 현황, 대처요령, 안전교육 등 기본교육을 받게 된다.

❸ 도슨트

도슨트는 전시관내에서 작품을 설명해주는 일을 하게 된다. 따라서 작품에 관해 지식이 있거나 같은 계열의 학생참여를 많이 유도한다. 또 행사 진행이 이루어지기 전에 행사에 대한 이해를 충분히 하고 작품에 대한 정보도 숙지하여야 한다.

도슨트이 선발되면 행동요령과 도슨트의 중요성, 업무배치도, 행사장 위치 및 현황, 대처요령, 안전교육, 작품에 대한 정보 등을 교육받게 된다.

❹ 자원봉사자

지역의 인프라와 주민들의 자율참여로 행사에 대한 애착이 높아지도록 하는 매개체이다. 자원봉사자들은 행사인력들과 같은 업무를 하게 되지만 운영위원회의 직접적인 통제는 받지 않는다. 자원봉사자들의 명단이 전해지면 교육이 시작되는데 행사진행과 행동요령, 행사장 위치 및 현황, 대처요령 등에 관하여 교육받게 된다.

❺ 전문 인력, 청소요원, 보안요원

전문 인력으로 전문용역업체에 위탁하게 된다.

그림 5.38 인력구성

31. 매뉴얼 집

　매뉴얼 북은 행사 전반에 걸친 모든 정황을 담고 있어야 한다. BI, CI, 캐릭터를 비롯하여 행사진행의 모든 세부내역과 행사 일정, 예산 등을 상세히 서술한 방식이다. 매뉴얼 집은 행사일정 약 20일 전부터 각 파트별로 별도의 매뉴얼 북이 완성된 후 Cue Sheet만 수정·보완의 반복된 작업을 통해 출연진, 스텝들에게 최종 수정본은 공유되어 위기상황에서도 미리 숙지된 매뉴얼 북 내용을 통해 미연의 사고를 방지하고 대처해야 한다. 또한 참여하는 각종 업체들에게 매뉴얼 북(Manual Book)을 제시함으로써 체계적이고 경제적이며 빈틈없는 행사 운영이 가능 할 수 있게 될 것이다. 행사의 EI(Event Identity)나 FI(Festival Identity)를 사용할 권한을 부여하는 대신 매뉴얼 북에 엄수해야 할 조건들을 기재함으로써 참가업체는 행사조직위원회에 대한 일종의 카리스마(Charisma)에 압도되는 느낌을 받게 될 것이다. 그리고 행사 자체에 대한 신뢰도도 커져 참가하는 업체에게 자긍심과 책임감을 느끼게 할 수 잇는 중요한 작업이다.

❶ BI, CI, 캐릭터

- BI, CI의 로고
- 로고를 이용한 각종 문화상품의 예시
- 캐릭터의 기본형, 입체형, 응용형, 그리드
- 캐릭터 응용한 상품기획안
- 캐릭터 재생자료

 **❷ 행사안**

행사는 크게 전야제, 개회식, 본 행사, 폐회식, 부대 문화행사장으로 구성되어 진다. 행사의 규모나 성격에 따라 각 행사장의 장소 이동과 변화가 생겨난다. 또 각 행사장의 구성안은 그 성격에 맞게 이루어진다.

- 행사 개요
- 행사구성
- 인력운영
- 비상연락망
- 출연진 섭외계획
- 출연진 구성
- 시스템 설치 및 운영 계획
- 물자 확보 계획
- 업무 추진 계획
- 예산계획

❸ 운영

- 행사에 따른 전체 예산 계획 및 정산
- 협찬사 운영방안 및 현황
- 행사 전반적인 시나리오
- 비상시 대처 방안
- 조직위원회 구성 현황
- 전체 조직 구성과 인력배치

❹ 홍보

- 홍보 방안 전략
- 온라인 홍보안
- 방송홍보안
- 홍보물제작 시안
- 행사장 전체 도면
- 동선확인 후 행사장 구도 완성안
- 무대 설치 및 배치도

32. 리허설

　리허설은 행사 이해 완성 및 전체 행사에 대한 흐름을 이해하고, 전후 행사일정에 대한 이해 심화를 통해 원활한 등·퇴장 및 작품완성도 배양을 목표로 해야 한다.

　총 리허설 때는 Real Time으로 운영하여 실제 상황에 보다 근접한 조건에서 연습을 실시하도록 한다. 보통 system 운영팀(기술) → 출연진 → 연합의 3단계 리허설을 통해 이루어진다.

❶ 인력

- 행사 스케줄과 시나리오를 토대로 진행
- 연출팀은 조명, 무대, 음향 등 행사 진행의 원활한 흐름조성과 기계 점검
- 진행요원은 각자 맡은 부분에 대한 수량, 위치 등 준비사항 확인
- 진행요원은 행사 시나리오와 소품 및 인력의 IN, OUT 확인
- 도우미는 각 행사장의 동선확인 및 IN, OUT 체크
- 도우미는 필요한 소품과 위치 파악
- 도슨트는 손님을 가상으로 작품에 대한 설명 연습
- 자원봉사자 및 모든 참여 인력은 진행요원과 연출팀의 지시 아래 각자 위치 확인

❷ 연출

- 행사 스케줄 및 시나리오 준비
- 무대 바닥 마감재 및 전체적인 무대 균형
- 소품들의 위치 확인

- 미디어 방향, 무대 색의 조화, 위치 등을 확인
- 영상물, 음향 확인
- 조명의 위치, 밝기조절 등을 확인
- 음향의 크기 확인
- 소품의 IN, OUT 빛 위치 확인
- 콜 보드 준비

그림 5.39 리허설 모습

세 부 CHECK LIST

행사(장)명		List No.	5-32
대분류	Directing	소분류	리허설

세 부 항 목	정량적 판단		정성적 판단					판단 사유	평가
	유(횟수)	무	A	B	C	D	E		
행사장 배치도									
역활별 역할 분담									
역활별 위치 인지									
동선확인									
무대 위치 확인									
무대 마감재 확인									
부스 및 소품 위치확인									
소품 동선 확인									
트러스 위치									
조명 위치									
조명 불량품 체크									
음향 하울링 체크									
스피커 위치									
음악, 영상물 확인									
시스템 작동 확인									
특수효과 확인									

비고

대행사 점검일자	년 월 일	담 당 자	□□
감리원 검수일자	년 월 일	감 리 원	□□

33. 식음비

　운영위원회를 비롯한 행사 관계자들의 식사, 음료를 제공한다. 인건비와 마찬가지르 진행 예산에서 많이 차지할 수 있는 부분이다.

　행사 전 준비과정일 경우에는 한 식당을 지정하여 그곳에서 식사를 해결하게 된다. 이럴 때 식당의 홍보효과까지 겸할 수 있다. 행사가 진행되면 도시락과 같은 이동성이 편한 식사를 하게 된다. 이럴 때 식사 운송차량에 대한 정보를 가지고 반입경로를 인지하고 있어야 한다.

　또한 "체육회" 같은 활동량이 많은 행사는 행사 성격상 음료나 식수의 이용량이 많다. 이런 행사의 경우 행사의 휘장마크 판매나 협찬으로 식수를 이용할 수도 있다.

그림 5.40 식음비 예

❶ 준비사항

- 필요한 인원 확인
- 음료, 식수 선정 및 구입
- 식당 선정
- 도시락 선정

	A사	B사
일반	4,000원~5,000원	2,000원~5,000원
스페셜	10,000원~15,000원	5,000원~7,000원

34. 숙박비

행사의 규모나 성격에 맞게 장소를 선정하고 행사장을 축으로 숙박업체를 선정한다. 또 숙박을 선정할 때에는 숙박을 머무를 사람에 따라 방배정이 이루어져야 한다.

가령 국제회의 성격의 컨퍼런스, 포럼 등이 이루어 질 경우 회의장소가 되는 컨벤션센터나 호텔근처나 그 호텔에 숙박을 한다. 호텔에서 행사와 숙박을 모두 할 때 호텔과의 협상에서 방의 개수나 가격을 낮게 측정할 수 있다.

표 5.4 숙박업무 순서

숙박계획 수립	필요객실 확보를 위한 체계적인 숙박계획 수립
숙박 장소 결정	비용과 근접성 수용능력에 따라 숙박기관을 수배, 선정
Main/Sub Hotel Contact	Main Hotel과의 계속적인 Contact로 필요한 객실 수 확보(Room Blocking)
숙박료 & 객실수 확인	필요 객실 수 확보, 비용협의 및 조정
호텔 등록 신청서 접수	Hotel 별 예약 현황 호텔과의 긴밀한 협조 통하여 격주별 확인,, 리스트 확보
숙박 예약확인증 발급	투숙호텔별로 각 참가자에게 예약확인서 발급－호텔이름/객실의 종류/체류기간/Room Sharing 여부
사전 객실 배정	VIP 등 객실 특별관리가 요구되는 참가자들의 경우에는 사전 방 배정
현장 객실 관리	참가신청자의 check-in/out 날짜확인, No-Show 객실 처리 예약변경 및 새로운 예약지 투숙 관리
호텔과 협조관계 유지	임원진과 VIP 객실에 과일과 꽃바구니 전달, 영자신문 배부 호텔외부에 환영현판 준비 등의 협조

표 5.5 호텔 숙박비 평균 가격치

호텔 등급	호텔 방 평균 가격치
특1급	200,000원~500,000원
특2급	100,000원~300,000원
1급	100,000원~200,000원
2급	100,000원대

그림 5.41 숙박

35. 교통비

일반적으로 우리나라 교통은 비행기, 기차, 버스, 지하철로 많이 이루어진다. 또 큰 행사가 이루어지는 곳은 대부분 대도시라 선박은 잘 이루어지질 않는다. 기본적인 대 도시의 운임형태로 타 도시의 운임도 짐작해 볼 수 있다.

표 5.6 시외버스 대표 운임표 *서울 출발 기준

	일반	우등
대전	19,300	28,800
대구	7,600	11,200
부산	13,600	20,100
광주	14,100	20,900

표 5.7 비행기 대표 운임표 *서울 출발 기준

	할인운임(월~목)	기본운임(금~일)	성수기
서울(김포) → 부산	61,900	71,400	78,400
서울(김포) → 대구	54,000	61,900	67,900
서울(김포) → 광주	54,900	63,400	69,400
서울(김포) → 울산	61,900	70,900	77,900

그림 5.42 교통

36. 통신비

통신기는 크게 유선과 무선으로 나누어진다. 무선은 핸드폰, 무전기, 호출기 등을 사용하고 유선은 유선전화기를 사용한다.

보통 핸드폰과 호출기를 사용할 경우 사용한 요금은 요금 사용 내역서를 첨부 하여 결재를 받는다.

유선전화는 운영위원회와 그 밖의 사무실에 설치하여 이용한다.

행사가 본격적으로 이루어 질 때는 무전기를 많이 사용하게 된다. 무전기는 연출부문으로 채널을 분리 운영한다. 또 현장연출 통신망은 파트별로 채널을 분리하여 혼선을 방지한다.

무전기　　　　　　　　　　　호출기

그림 5.43 통신기

37. 특별 초청비

특별 초청비는 말 그대로 행사 진행에 초대되는 사람들의 초청비를 일컫는다. VIP초대를 하거나 행사 진행 사회자, 국내외 공연 팀들, 축하공연단 등 행사에 필요한 인력들의 인건비 이다. 앞서 출연자 항목에서 언급했듯이 행사의 출연자 섭외에서 돈 문제를 빼놓을 수 없다. 업체와의 계약을 전제로 행사에 참여하는 입장에서 초청되는 이들에게 사전 계약에 관한 철 저한 문서는 필수이거니와 신용을 중시해야 한다는 점을 잊지 말아야 할 것이다.

1.2 "도깨비 스톰"의 타악 퍼포먼스
3.4 Jeju 뷰티산업 육성을 위한 컨퍼런스 발표자 및 VIP

그림 5.44 특별 초청자 예시

38. 회식 · 접대비

초청된 VIP와 행사조직위원, 공연단, 초청팀 등 행사에 필요한 인력들을 위한 접대이다. 행사가 끝난 후 회의나 토론을 통한 자리를 마련하고 그것을 기초로 이루어진다. VIP의 접대일 경우 사회적인 위치와 영향력이 있는 사람들이기 때문에 VIP에게 다가온 행사의 이미지는 평가를 좌우하게 된다. 접대 부분은 이벤트의 규모나 퀄리티를 떠나서 신용과 평가를 떨어뜨릴 수도 있기 때문에 이벤트에 있어서 중요한 요소라고 할 수도 있다.

그림 5.45 제주 컨퍼런스 만찬 모습 예시

39. 보험료

　보험은 행사개최에 따른 인적·물적 위험 발생에 대한 대비책이다. 사고발생시 벌어질 수 있는 상호간 손해배상요구에 대한 법적 문제를 사전 예방하고 안정성을 보장함으로 원활한 행사진행이 이루어질 수 있도록 한다.

　보험은 대한손해보험협회를 통해 행사의 규모와 총 인력구성, 관객 수에 의거하여 요율신청을 통해 제3자 배상책임보험이 적용된다. 또 상해보험, 화재보험, 전시품동산종합보험, 장비기계동산종합보험 등으로 이루어진다.

　보험을 가입할 때는 같은 조건에서 가장 저렴한 보험가를 제시한 보험사를 선정한다.

❶ 보험

- 상해위험담보보험
- 화재보험
- 재물손해위험담보보험
- 전시품동산종합보험
- 장비기계동산종합보험
- 배상책임임시보험
- 국제운송

40. 특수 공사비

행사를 위해 이루어 져야하는 특수한 목적을 띤 공사비를 말한다. 기존 행사장을 이용한다면 공사를 할 필요가 없어지지만 새로운 부대를 설치한다면 이런 공사는 이루어져야 한다.

❶ 공사비 목록

- 부스설치
- 도로 공사
- 행사장 조경
- 건축
- 인테리어
- 디스플레이

그림 5.46 무대 설치와 부스설치 예시

41. 발전차

발전차는 10~500KW까지 설치가 가능하다. 발전차 내부에는 여러 기계 설비가 들어가야 한다.

❶ 전원출력단자 캠록

　외부 전원사용 출력단자와 캠록을 동시 설치하여 부하 측에 전선 연결을 간편하게 처리할
수 있다.

❷ A.T.S

　발전차 내부에 자동운전반(A.T.S)을 설치하여 무정전
전원공급장치(U.P.S)와 동시에 사용하여 정전으로
인한 사고 없이 안전하게 사용할 수 있다.

❸ P.M.G

고주파 보조발전기를 장착 편상으로 전원을 사용할 경우 전압변동률을 ±0.15% 이하로 안정시켜 컴퓨터 촬영용 카메라 중계차 HMI라이트 음향장비 전압변동으로 인한 파손을 막을 수 있으며 정밀한 장비를 오작동 없이 사용할 수 있다.

❹ A.V.R

A.V.R를 이용하여 전기합선이나 외부 충격에도 지속적으로 발전하여 중요행사에도 단전 없이 안전하며 과전압 발생이 없게 한다.

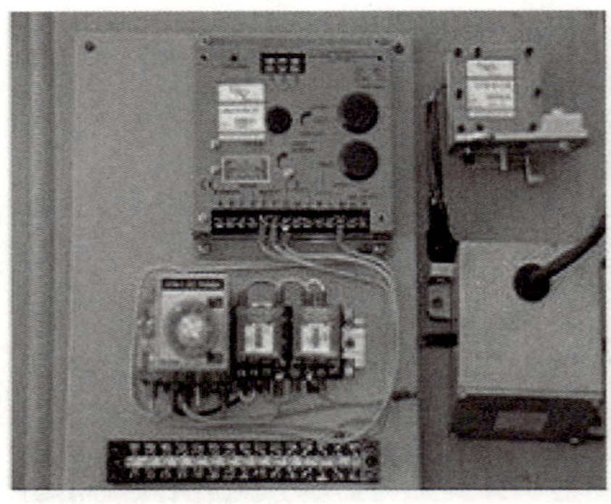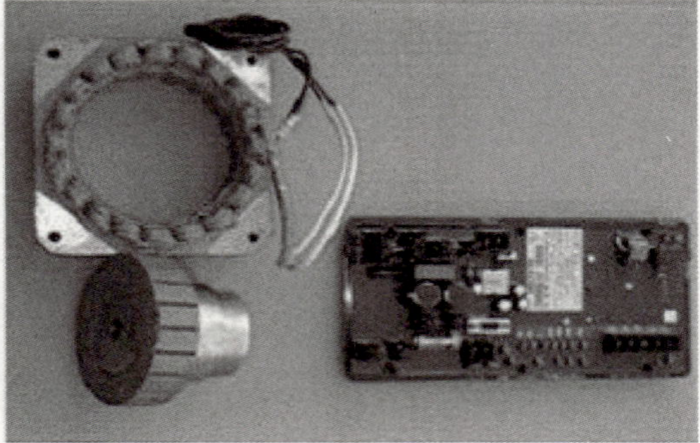

⑤ 전자가바나

엔진회전을 정격부하에서도 안정시켜 발전기(한전60HZ) 변동률을 ±0.25% 이내로 안정되며 병렬운전 할 때 꼭 필요하다. 전압이나 주파수 변동이 있을 경우 조명음향 장비수명단축 및 라이트 떨림이 있다.

⑥ 방음 · 방진 장치

흡음효과가 좋도록 장치를 하여 소음을 최소화하여 어느 장소에서든 동시녹음이 가능하도록 제작하여야 한다.

표 5.7 소음측정결과

80KW 이하	1m	56데시벨
	3m	54데시벨
100KW ~130KW	1m	57데시벨
	3m	55데시벨
150KW	1m	59데시벨
	3m	57데시벨
200KW	1m	64데시벨
	3m	61데시벨
250KW ~400KW	1m	68데시벨
	3m	65데시벨

❼ 발전차 탑제작을 부착

❽ 엔진냉각장치

냉각장치를 설치하여 열 소비량이 많은 발전차의 온도를 조절해준다.

42. 중계차

　중계차는 일반 스포츠, 실황 중계 등 스튜디오 외부에서의 프로그램 제작에 이용되는 차를 말한다. 전자식 뉴스 취재 방식(ENG) 카메라와의 조합으로 300m 이내의 거리에서 카메라의 케이블이 없이 자유롭게 중계차와의 링크로 중계 방송할 수 있도록 고안된 소형의 마이크로파 장비이다.

TV OB VAN (TV중계차)

위성중계차

라디오중계차

보조중계차

그림 5.47 중계차 종류 예시

　보통 중계차에는 카메라 3~4대, 영상 혼합기(VMU), 음성 혼합기(AMU), 연락용 무선기기, FPU 송신기, 영상·음성 모니터, 비디오테이프 녹화기(VTR), 케이블, 발전기 등이 탑재되어 있다. SHF대를 직접 발진 변조해서 주파수 7GHz, 출력 100mW로 비디오 한 채널, 오디오 두 채널을 사용할 수 있다. 안테나는 무지향성 또는 자동 지향성 안테나를 사용하고, 수신 안테나도 송신점을 자동 추적 지향하도록 하고 있다. 중계차의 크기는 카메라 탑재 수량에 따라 대형, 중형, 소형으로 나누어진다.

세 부 CHECK LIST

행사(장)명		List No.	5-42
대분류	Directing	소분류	중계차

세 부 항 목	정량적 판단		정성적 판단					판단 사유	평가
	유(횟수)	무	A	B	C	D	E		
카메라									
카메라콘트롤 TX-7									
카메라콘트롤 RCPTX7									
덱트로닉스									
믹서									
스위쳐									
트라이악스 시스템									
녹화VCR 베타캄									
녹화VCR DV캄									
녹화VCR 디지털베타캄									
디지털콘센트									
케이블									

비고

대행사 점검일자	년 월 일	담 당 자	□□
감리원 검수일자	년 월 일	감 리 원	□□

43. 의자

장소와 행사의 규모, 행사의 목적에 따라 준비과정이 조금씩 달라진다.

대강당이나 극장처럼 관객석 시설이 모두 이루어진 곳은 무대 위 소품만 준비하면 된다.

야외공연처럼 무에서 유를 만들어 낼 때에는 참가 인원을 미리 예상하고 그에 맞추어 의자와 테이블들을 준비한다. 관객용품은 D-7일 전에는 반입하여 지정 창고에 하적하고 분류를 한 다음 D-1일에 객석에 배치하도록 한다.

대강당형 배치

포럼형식

행사장 배치

VIP룸

그림 5.48 의자 종류 예시

또 일반적인 공연이 아닌 포럼이나 국제회의처럼 발표자와 토론자가 있는 경우 그들을 위한 무대 자리를 따로 마련하여야 한다. 이는 무대 소품으로 그에 맞는 의자와 테이블 소품을 선택한다.

어떠한 경우이든 예상 밖의 인원에 대한 준비는 마련해두어야 한다. 만일 큰 행사라면 두말할 것 없다. 이때 예비용 의자로 접이식 의자를 마련해두어야 한다.

행사장의 한쪽에 VIP룸을 두어 VIP만을 위한 테이블과 자리를 마련해두어 편리함을 더한다.

44. 상금·상패 외

상패와 상금은 행사의 성격에 따라 그 형태가 다양해진다.

상금의 경우 행사 주관기관이나 조직위원회에서 주기도 하지만 많은 경우 협찬사의 도움을 받기도 한다.

상패는 어떤 행사이냐에 따라 많은 차이가 이루어지며 그 종류 또한 천차만별이다.

- 상패
- 트로피
- 감사패
- 공로패
- 기념패
- 학위패
- 스포츠 시합 트로피
- 3D크리스탈
- 주석쟁반
- 명패
- 위촉패
- 표창패
- 깃발

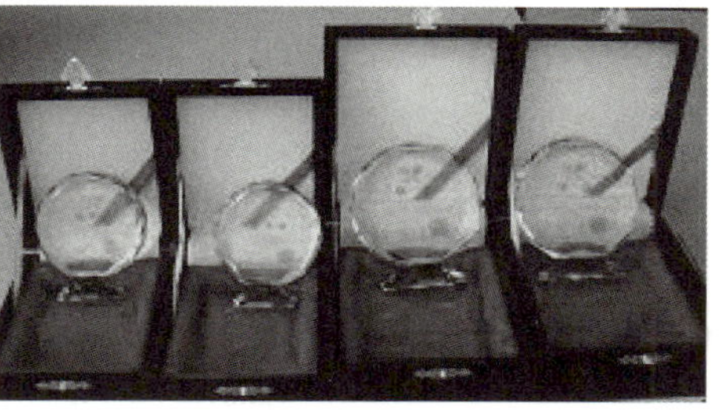

그림 5.49 상패와 트로피 예시

45. 기타

❶ 임시철거/재설치계획

개회식 종료 후 무대장식, 시스템(음향, 조명, 특수장치, 영상하드웨어)를 일시를 정해두어 임시철거 한다. 임시 철거된 장비는 행사장 주변 유휴공간에 야적함을 두고 보관하거나 도난 위험성이 있는 큰 장비는 창고에 별도관리 한다.

일정표에는 임시철거, 야적보관, 재설치, 폐회식의 일정을 확인하여 운영한다.

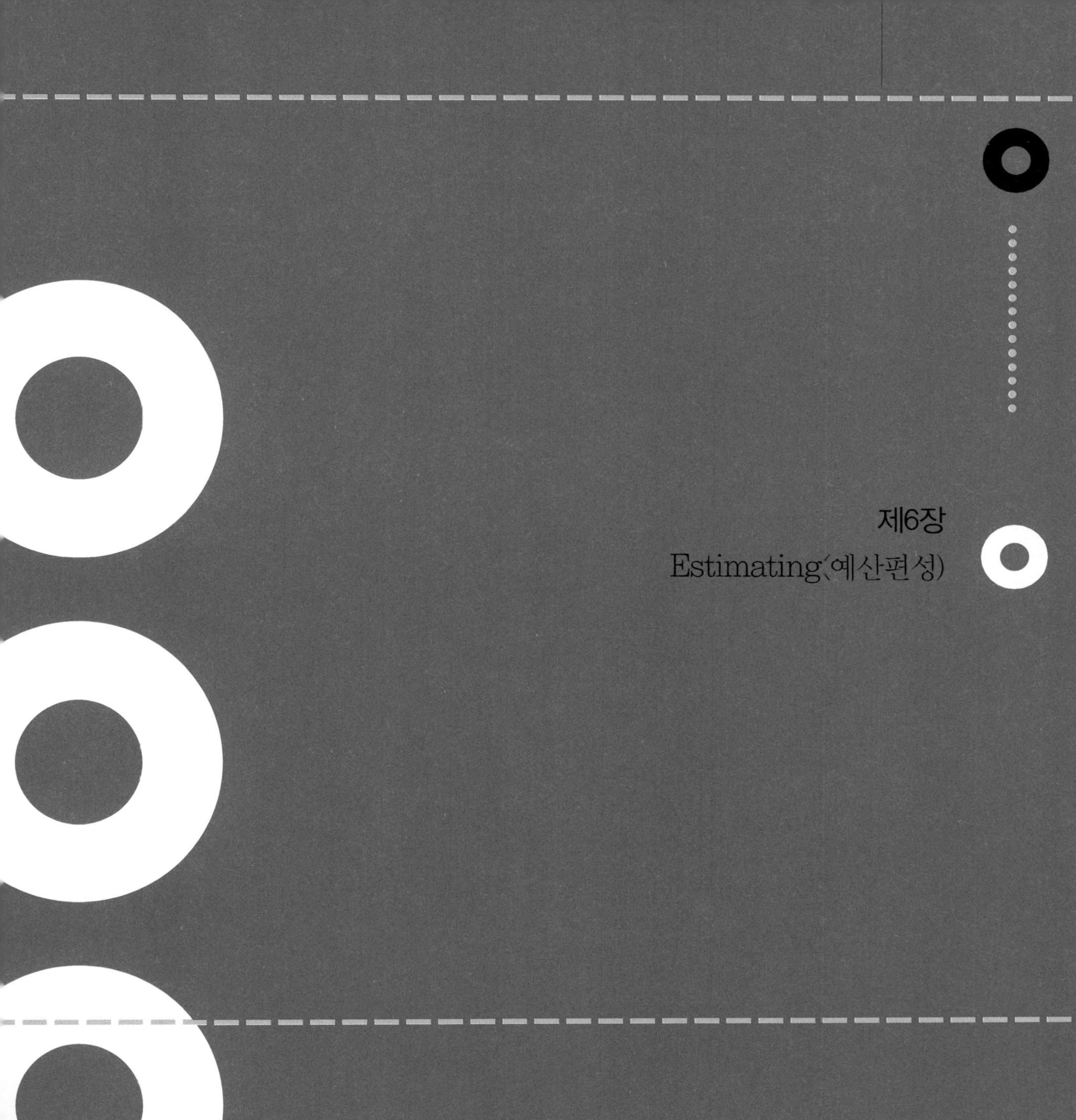
제6장
Estimating(예산편성)

1. 인건비

예산을 짤 때 가장 많은 부분을 차지하는 것이 바로 인건비이다. 인건비는 행사에 필요한 모든 인력의 급여를 나눠야 한다. 인건비는 운영위원회를 축으로 진행요원, 아르바이트, 도우미, 전문인력, 사회자, 행사참가자, 공연출연팀, 심사위원 등 지위와 일의 배분, 숙련도를 따져 금액을 맞춘다.

인건비 절감 방안으로는 두 가지 예시를 들 수 있다.

❶ 지역문화축제에서의 G.O요원의 활용

모든 산업에서 인건비가 가장 큰 비중을 차지하고 있는 것이 현재의 추세임을 볼 때, 적은 비용으로 고객에게 최고의 만족을 제공하는 G.O 시스템은 마땅히 우리의 본보기가 되어야 할 것이다. 클럽 메드 내에서 1인 2~3역을 담당하는 G.O요원들의 활동은 리조트의 운영경비를 획기적으로 절감시키는 효과를 가져 왔다. G.O 시스템에서 우리가 간과해서는 안 될 요소가 바로 이러한 예산절약 측면이기도 하다. 이런 사례를 통해 많은 경비를 지출하면서도 제대로 고객만족을 창출하지 못하는 우리나라 이벤트산업의 구조적 모순을 자각해야 할 것이다. 지역문화축제의 경우에는 지역의 특색을 무시한 채 대행업체에 의해 진행되는 동일한 축제의 병폐를 이제는 벗어나 자긍심을 가진 진정한 참여자로서의 지역주민들을 활용하여 인건비를 절약할 포인트를 찾아야만 한다. 그렇다고 해서 지역주민들의 참여를 단순히 예산절감을 위한 방안으로서만 해석해서는 안 된다. 지역주민들의 자발적인 참여는 그 지역만의 독특한 문화를 보고 싶어 하는 관광객들에게 진정한 만족감을 줄 수 있는 최선의 방법이기도 하다는 사실을 잊지 말아야 할 것이다.

세미나(seminar), 팸 투어(pam tour) 행사에서 공연을 실시하고, 전시에서 도우미 역할을 수행하며, 축제장 요소요소에서 안내원 및 진행요원으로 활동할 뿐만 아니라. 지역의 문화를 홍보할 수 있는 G.O요원은 인건비를 절감하는 데 있어 일익을 담당할 것이다.

❷ 컨테스트

컨테스트(contest)라는 형태를 통해 우리는 연출예산을 절감하는 효과를 얻을 수도 있다. 연예인을 출연시키는 공연연출을 하는 것과 컨테스트를 실시하는 연출과는 엄청난 예산상의 차이가 있다. 컨테스트 형식의 대표적인 예로 슈퍼모델 선발대회를 들 수 있을 것이다. 프로모델을 출연시켜 패션쇼를 하는 것과 슈퍼모델 선발대회라는 컨테스트 형식을 통해 패션쇼를 연출하는 것은 제작비와 인건비의 면에서 비교할 수 없을 만큼의 차이가 생기는 것이다.

컨테스트 형식은 지역축제에서도 적용가능한 방법이다. 지역축제에 참가한 메인 게스트(main guest)에 의해 축제의 등급이 구분된다고 본다면, 각계각층에서 최고의 인물을 섭외하는 것이 최선일 것이다. 그러나 실제로 그런 인물들을 축제의 게스트로 초청하기 위해서는 엄청난 섭외비가 소비될 것이다.

그러한 예산상의 문제점에 대한 해결책으로 사용될 컨테스트 형식의 사례를 아산시 Amazing Hero 축제에서 찾아 볼 수 있다. 아산시의 경우는 온양문화제 Amazing Hero 행사 내에 대한민국 4대 영웅시상식을 기획하였는데, 이것은 하나의 홍보전략인 동시에 정치·경제, 문화·예술, 스포츠, 연예의 네 분야에서 대한민국 최고의 인물에 영웅시상식이라는 타이틀을 부여하여 축제로 유인하는 계기를 마련하려는 시도였다.

2. 제작비

　제작비는 실제적인 예산의 집행부분을 말한다. 행사의 모든 진행과정과 그 속에서 필요로 하는 세부내역을 말한다. 이는 직접간접비의 가장 큰 부분이라고도 할 수 있다.

　가장먼저 BI, CI를 제작하여야 한다. 그 외 행사를 위한 기자재구입과 대여 등 직접적인 지불이 이루어진다.

　또 여러 가지 제작을 하게 되는데 행사가 끝난 후 시제품제작과 결과보고, 일화, 복사, 슬라이드제작 등 유출물 형태를 제작하게 된다.

그림 6.1 2005 대구 e-Sport Festival 현수막

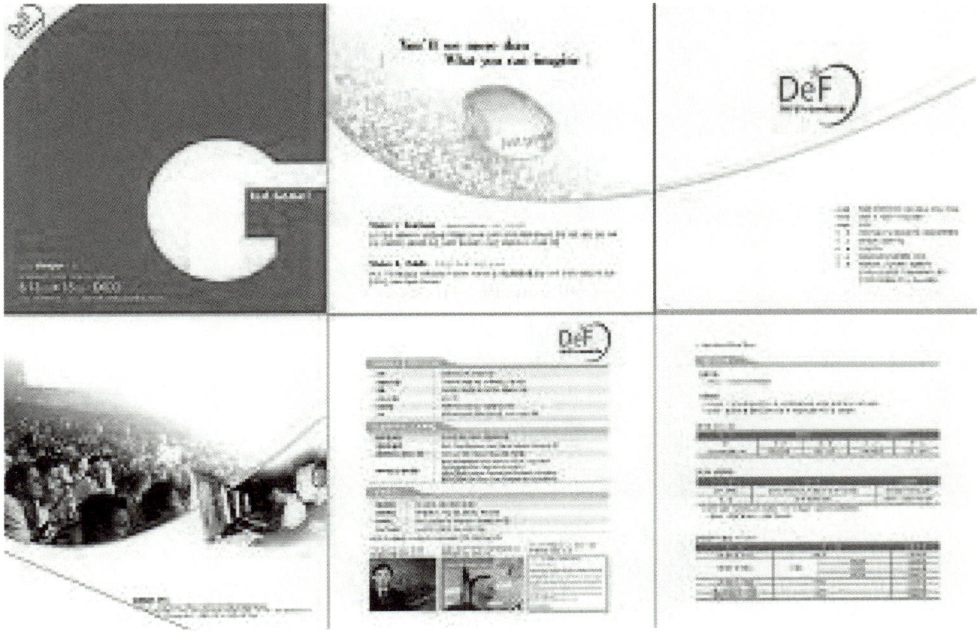

그림 6.2 2005 대구 e-Sport Festival 리플릿

그림 6.3 민족의 영산 백두산 문화상징 디지털 콘텐츠화 과제 제작물(엽서)

그림 6.4 민족의 영산 백두산 문화상징 디지털 콘텐츠화 과제 시제품

3. 마케팅비

마케팅비는 홍보비라고도 할 수 있는데 행사를 알리기 위한 거리 홍보물과 방송광고, 온라인 홍보, 행사장 전체 도면, 행사 제작물, 초대장 등을 들 수 있다.

그림 6.5 온라인 홍보

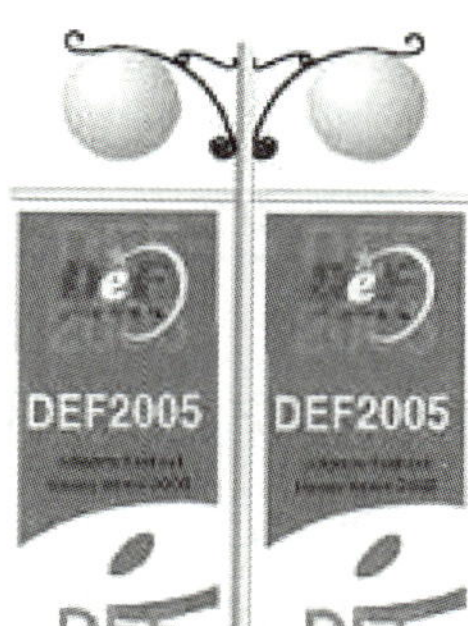

⬆ 그림 6.6 거리 홍보
⬇ 그림 6.7 초청장

4. 공과잡비

공과 잡비는 연구수행에서 발생되는 우편료, 전화요금, 공공요금, 제세공과금, 수수료, 전산처리비, 교통통신비, 사무용품, 제잡비, 문헌구입비, 자료구입비 등 업무처리비가 여기에 속한다.

5. 대행비

예비책으로 모아둔 금액과, 위탁수행비처럼 직접적으로 처리하지 않고 외주를 주는 형식을 말한다.

6. 부가세 외

간접비와 인건비과세, 여비, 수수료 등을 처리하게 된다.

7. 기타(행사제작비 절감방안)

① 조직위원의 행사참여 유도

인건비 다음으로 제작비항목의 예산절감방안으로는 조직위원회의 위원들을 행사에 참여시키는 것이 가장 효과적인 방법이 될 것이다.

지역의 기업체·숙박업체·음식업체·여행사·상가·운송업체 등의 관계자를 조직위원으로 편성함은 물론, 본 행사에도 가능한 참여기회를 늘려 확실한 협찬명분을 부여하게 되면 협찬가능성을 높일 수 있다.

공동 마케팅의 일환으로서 현장 배너·현수막·무대·주변장치물 등의 협찬도 유도할 수 있으며, 예를 들어 리셉션이 필요한 행사의 경우 지역의 유명인사 주최의 리셉션을 기획하면 리셉션 주최자에게는 대외적인 명분을 높일 수 있는 계기를 마련해 주게 되고, 행사조직위원회에서는 예산을 줄일 수 있는 방안이 되기도 하는 것이다.

축제현장에서의 배너·현수막과 도우미 의상 및 청사초롱·기념품 등은 축제 브랜드를 대외에 전달하는 공식적인 시각물로서 그 의의가 매우 크며, 시각적인 주목성 또한 높다. 특히 어깨띠·모자 등의 기념품은 각종 행사시 참여인의 단합을 도모할 수 있는 중요한 아이템 중의 하나이다. 이러한 장치물 및 기념품을 제작할 때 협찬사의 협조를 받을 수 있는데, 축제 브랜드와 협찬사의 로고를 동시에 보여줌으로써 확실한 홍보효과라는 실리를 제시하고, 조직위원으로서 행사에 참여하는 명분을 부여하게 된다.

❶ 행사지원비 확보방안

① 관련행정기관의 파악

축제재정을 확보할 수 있는 또 다른 방법으로는 관련행정기관이 정하고 있는 지역축제 지원기준을 파악하는 것과 동시에, 문화관광부의 축제심의위원을 행사조직위원으로 위촉하는 방법이 있다.

문화관광부에서는 축제별로 7개의 공통평가항목을 설정하고, 축제참가자를 대상으로 설문조사를 실시하여 이를 지역축제 평가기준으로 반영하고 있다. 공통평가항목에는 지역축제 참가자 중 지역주민을 제외한 관광객의 비율, 관광객의 지출비용, 축제 프로그램에 대한 만족도, 음식판매 부스에 대한 만족도, 안내 및 편의시설에 대한 만족도 등이 포함된다.

이러한 평가기준을 근거로 해마다 지역문화축제를 지정하여 육성·지원하고 있다.

❷ 예산운영계획

① 수입 〉 지출일 경우

지역문화축제에서 발생하는 이익의 수혜자는 당연히 지역주민이 되어야 한다고 지적한 바 있다. 그러나 현실적으로 축제에서 발생하는 이익의 대부분이 지역에 환원되기보다는 수익업자에게 돌아가는 경우가 빈번한 것이 우리의 현실이다. 따라서 각 지자체를 중심으로 한 지역문화축제 조직위원회는 수익사업에 대한 올바른 관점을 지니고 있어야 하며, 투명한 예산운영이 되도록 노력해야 한다.

지역문화축제를 통해 발생한 이익이 지역주민에게 돌아가지 못하고, 특정개인이나 집단에게만 분배된다면, 장기적인 안목에서 지역발전에 큰 저해요인으로 작용할 것임은 자명하다. 확보된 수익금으로 환경개선·공동사업투자 등 지자체 운영경비로 사용하거나 조직위원회의 투명한 관리 하에 다음 축제의 예산으로 확보하는 등 건전한 활용 안이 마련되어야 할 것이다.

외국의 성공적인 지역문화축제의 경우는 한 번의 축제를 통해 지자체의 1년 예산을 확보하기도 한다. 이렇게 되면 지역주민에게는 세금부담이 줄어들게 되고, 자신들에게 경제적인 이윤을 가져다 주는 축제에 대한 지역주민의 자긍심과 자발적인 참여도는 저절로 높게 나타날 수밖에 없는 것이다. 그러므로 조직위원회는 최대한의 SP포인트를 개발하여 축제를 통한 이윤발생을 극대화하여야 할 것이며, 깨끗한 예산운영에 최선을 다해야 할 것이다.

② 수입 〈 지출일 경우

앞의 경우처럼 지역문화축제를 통해 수입이 지출을 능가하게 되면, 일단 그 행사는 성공을 거둔 것이다. 그러나 SP 이벤트 기획의 5단계를 모두 거쳐 예산표를 작성하였을 때 지출이 수입을 능가하여 적자가 예상되면 문제는 심각해진다. 소모성의 행사로 전락되고 말 것이기 때문이다. 소모성 행사에 지역주민이 호응을 보여 줄 리 없고, 관련행정기관에서 지원을 해 줄 리 만무하다.

결국 상품기획이 잘못되었기 때문에 이런 현상이 나타나게 되는 것이므로, 이 경우에는 처음의 상품기획단계로 되돌아가 상품기획을 다시 검토하면서 혹시 놓치고 지나친 수익 포인트가 없는지 찾아내고, 좀 더 많은 성과를 올릴 수 있는 마케팅전략을 다시 수립하도록 해야 한다.

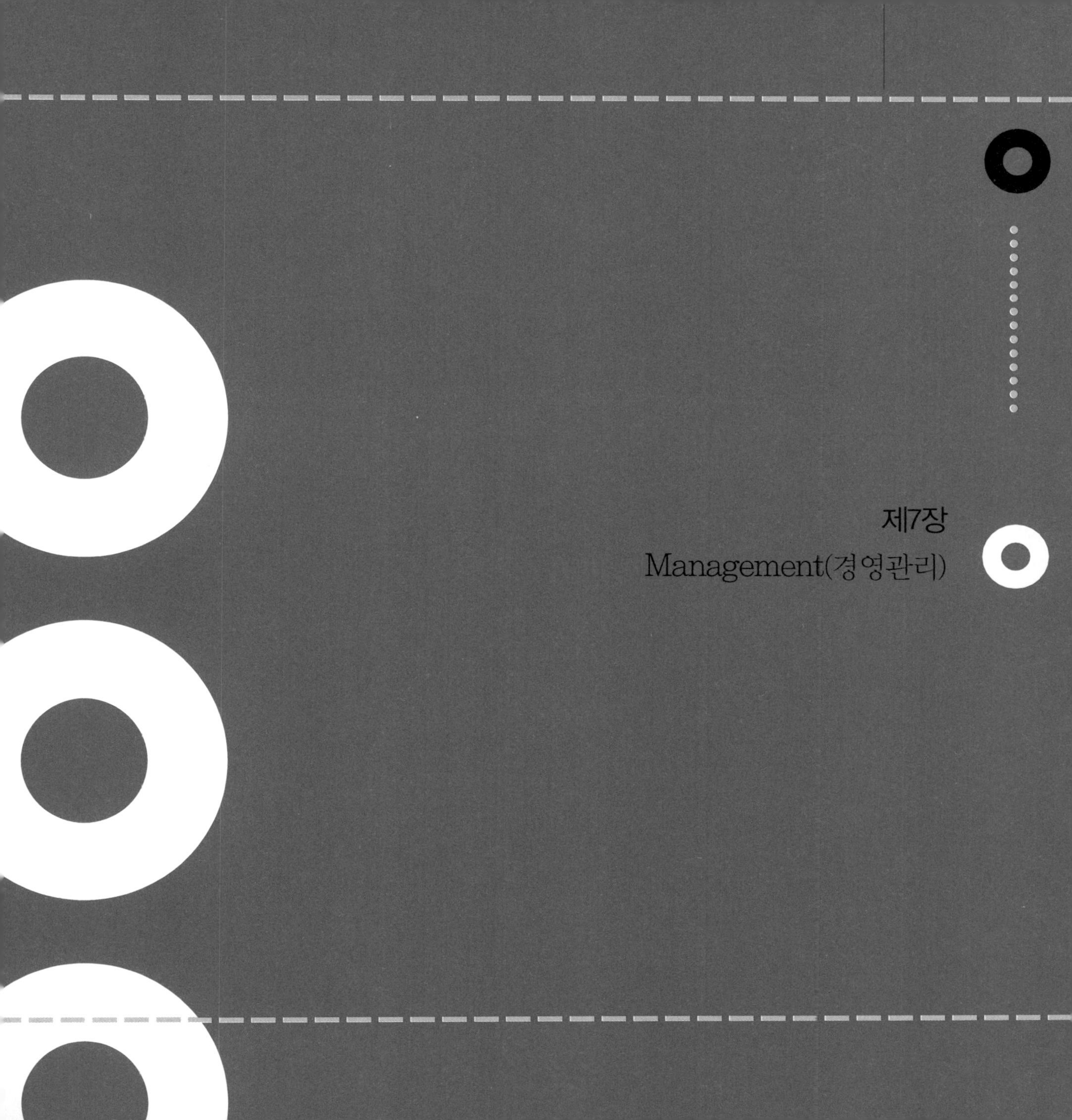

제7장
Management(경영관리)

1. 지원금 관리

행사 예산을 조달하는 방법은 크게 세 가지가 있다. 첫째는 이미 자금이 확보되어 있거나 조달된 상태인 국가나 지방자치 단체, 기업의 행사를 담당하는 방법이다. 둘째는 행사 기획사가 스스로 예산을 조달하는 방법이다. 셋째는 기업이나 단체가 공동 주최, 후원 및 협찬 형식의 간접적인 방법으로 행사에 참여하는 방법이다. 시 기금 및 중앙부처 기금을 통합 운영하여 대표축제로 향한 정체성을 확보하고 지속 발전시키기 위한 관련 기금의 통합 운영 사무국 설치하는 방법이 있다.

❶ 정부 지원금 및 기업 행사 담당

이벤트 기획회사의 입장에서 볼 때 정부 지원금 또는 기업이 주관하는 행사를 추진하는 것이 가장 손쉬운 예산조 방법이다. 정부나 지방자치 단체가 추진하는 행사를 대행하거나 공동 주관하게 되면 정부 지원금이나 국고 지원을 받게 된다. 이런 때는 대부분 특별법에 의해 자금조달이 가능하다.

행사 기획회사들이 선호하는 행사는 기업이 주최하여 전액 부담하는 행사를 담당하는 일이다. 이런 경우 행사 기획 회사는 그 기업이 제시한 예산 규모에 맞게 잘 짜기만 하면 되기 때문에 예산조달이라는 큰 부담을 덜고 행사를 추진할 수 있기 때문이다.

❷ 행사 기획사 자체 조달

행사 기획회사가 전시회, 음악 콘서트, 유명 가수 초청 공연 등 행사를 100% 자신의 책임 아래 예산을 충당하며 행사를 주관하는 경우는 여기에 해당되는데, 이런 때 행사 진행 회사는 비용 전체를 안고 행사를 치르는 부담을 갖게 된다.

기획사가 예산을 스스로 조달하는 가장 일반적인 방법으로는 입장권 판매, 전시장 공간 대여, 광고 수입 등이 있다 또한 텔레비전이나 라디오 중계를 이용한 스폰서십도 주요 수입원이 될 수 있으며 공연물 저작권 판매와 휘장권 등이 있다.

- 지원금 심사
- 지급 및 관리 방안
- 지원금 교부 세부 원칙
- 지원 기준 내정
- 정산 및 보고
- 미집행 잔액 처리
- 주요 행사 및 활동
- 지원금 소요 금액

2. 협찬·후원금 유치

❶ 스폰서십의 종류

① 공식후원업체(Official Sponsor)

일정액의 금액을 지불하고 휘장과 마스코트 등을 사용할 권리를 부여받으며, 기업이나 제품의 PR, 영업 광고 등에 이용할 수 있다.

② 공식공급업체(Official Supplier)

금전적인 것보다 행사에 필요한 물자나 용역 등을 지원함으로써 지원되는 공급 물자 등에 휘장과 마스코트를 활용하여 PR, 영업 광고를 할 수 있는 권리를 부여한다.

③ 공식제품, 서비스(Official Product/service)

행사를 기념하는 각종 기념품을 제작, 제조, 판매할 권리를 부여한다.

④ 장비공급업체(Equipment Supplier)

협력회사 또는 기술제휴사라는 방식을 도입하여 세계적인 유수한 기업들이 인력과 기술을 투입하여 대회운영과 준비에 만전을 기하도록 하는 반면 기업에는 기술 개발과 자사제품 및 기술을 홍보하고 휘장과 마스코트 등을 활용하여 자사제품을 홍보할 수 있는 기회를 부여한다.

⑤ **공식상품화권자**(Official License)

라이센싱은 한 기관이 다른 회사에 대하여 판매에 근거한 로열티 지급의 대가로 소매상품에 상표등록된 로고와 용어를 사용할 상업적 권리를 부여하는 계획이다. 라이센싱 산업은 지난 10년간 크게 성장했다. 라이센싱의 성장 대부분이 상품명과 상표를 보호하려는 기업과 스포츠팀의 치밀하고 방어적인 법률전략의 개발로부터 퍼져나갔다는 점을 주목할 필요가 있다. 오늘날 라이센싱은 몇몇 기업과 스포츠 그리고 흥행기관의 주요 수입원으로서 기능하고 있으며 발전가능성이 가장 큰 분야로 기대되고 있다.

유형적인 상품이 아닌 무형적인 기술이나 기업이미지 표현을 통해서 이루어지는 기업 마케팅 커뮤니케이션의 한 도구이다. Brooks(1998)는 스폰서십은 마케팅 활동을 위한 도구와 과정이며, 촉진 라이센싱의 한부분이라고 설명했다. 이러한 기업의 스폰서십은 여러 사회 영역으로 확대되고 있는데, 크게 스포츠 영역에서 조직되는 스포츠 스폰서십과 다양한 문화영역에서 형해지는 문화 스폰서십으로 구분되고 있다.

-이명천 · 이현선, 2002

현재 스포츠 분야에서 두드러지게 나타나고 있는 스폰서십은 인기선수나 팀을 후원하는 것에서부터 스포츠 이벤트 또는 경기단체를 후원하는 등 매우 다양한 형태가 있다.

올림픽이나 월드컵, 프로스포츠 경기의 중계방송이 있을 때는 많은 시청자들이 TV 앞에 모여들고 있다

월드컵을 관전하다 보면 경기장을 빙 둘러싼 기업명이 새겨진 광고판을 볼 수 있다. 이것

이 바로 펜스광고이며 경기를 하는 두 팀에 상관없이 중계만 되면 늘상 선수들의 움직임 사이로 자연스럽게 비쳐진다. 이러한 펜스광고는 월드컵 공식 스폰서만이 할 수 있다(표 7.1 참조). 세계시장을 대상으로 광고비용을 감당할 자본이 있는 세계 유수의 다국적 기업이라면 당연히 공식 스폰서가 되려고 한다 프랑스월드컵 공식 스폰서는 모두 12개 기업. 버드와이저, 코카콜라, 마스타카드, 스니커즈, 맥도날드, 질레트 등 7개 사가 미국계 회사다. 일본은 JVC, 캐논, 후지필름 등 3개 사, 유럽도 아디다스, 필립스, 오펠 등 3개 사가 참여 하였다. 오펠이 미국 제너럴 모터스사의 독일 현지 법인인 것을 감안한다면 미국계 다국적 기업이 절반이 넘는 7개 사가 된다.

표 7.1 sires 2004 예시

구분	협찬 내역	
공식협찬사/10,000,000	공식협찬사명/로고게재	신문, 라디오 광고
		언론사의 행사 보도
		Direct Mail Campaign, E-mail Campaign
		서울시내 육교 배너광고
		전시회 포스터
		행사장 현수막 하단
		행사장 주변 배너
		전시회 공식 초청장
		전시장 입구

구분	협찬 내역	
공식협찬사/10,000,000	공식협찬사명/로고게재	이벤트 무대 단상
	디렉토리	광고
	컨퍼런스	Session 2 제공 및 프로시딩 광고
	홈페이지	배너광고 게재
	전시부스	부스 제공 (4부스)
	개막식	VIP 참석
컨퍼런스 스폰서/5,000,000	협찬사명 게재	포스터 하단
		행사장 현수막 하단
		유도 사인물 및 관련 사인물
	전시부스	부스 배치 우선권 부여
	컨퍼런스	Session 1 제공 및 프로시딩 광고
	홈페이지	배너 광고 게재
리십션/3,000,000	공식협찬사명/로고게재	배너, 안내판
	컨퍼런스	Session 1 제공 및 프로시딩 광고
	홈페이지	배너 광고 게재
출입증/1,000,000	행사 출입증상에 협찬사명 및 로고 기입	
전시장내 천정 배너/1,000,000	천정 배너상에 협찬사명 및 로고 기입	
홈페이지 배너 광고/500,000	홈페이지상에 배너 광고	

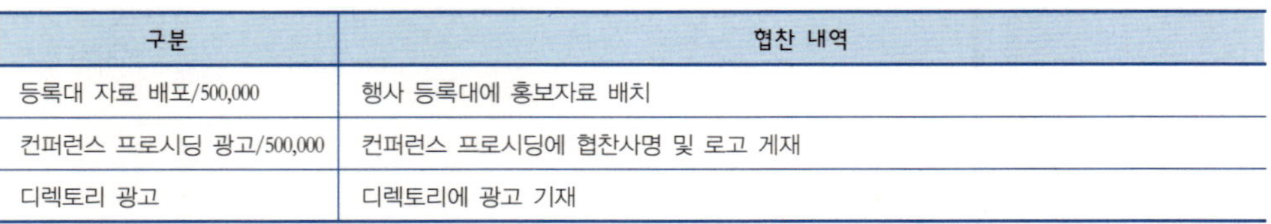

구분	협찬 내역
등록대 자료 배포/500,000	행사 등록대에 홍보자료 배치
컨퍼런스 프로시딩 광고/500,000	컨퍼런스 프로시딩에 협찬사명 및 로고 게재
디렉토리 광고	디렉토리에 광고 기재

❷ 정부기관 후원

교육인적자원부 〈예시〉

각종 행사관련 교육인적자원부장관 우등상 및 후원명칭 사용 승인에 관한 규칙에 따르면 다음과 같은 몇 가지 항목에 부합되는 경우에만 정부기관명의 후원을 받을 수 있다.

- 제1조 (목적) 이 규칙은 정부표창규정 제8조와 관련하여 교육인적자원부장관이 우등상을 수여하거나 후원명칭의 사용을 승인함에 있어 그 대상 행사, 신청절차 및 심사기준 등을 규정함을 목적으로 한다.
- 제2조 (대상행사) ① 교육인적자원부장관이 우등상을 수여하거나 교육인적자원부장관의 후원명칭을 사용할 수 있는 교육·학예에 관한 각종행사(이하 '행사'라 한다)는 다음 각 호 1에 해당되는 것으로서 교육인적자원부장관의 승인을 받아야 한다.
- 제8조 (승인취소 등) ① 행사진행 과정에서 과대선전, 참가비 징수, 후원명칭 사칭 등 승인 요건을 위반하거나 사회적 물의를 일으킨 단체에 대해서는 위원회의 심의·의결을 거쳐 승인사항을 취소하고 향후 3년간 교육인적자원부장관 우등상 수여 및 후

원명칭 사용을 승인하지 아니한다.

❸ TV 노출 횟수

요인	변수	유효빈도와의 관계 또는 영향
마케팅 요인	상표역사	신규상표는 기존상표에 비해 많은 노출횟수가 필요
	상표점유율	상표점유율과 유효빈도 간에는 역(-)관계 존재
	상표충성도	상표충성도와 유효빈도 간에는 역(1)의 관계 존재
	구매주기/사용주기	구매주기/사용주기가 짧을수록 높은 인지도를 유지하기 위해 많은 노출횟수 필요
	목표고객	학습능력, 기억능력이 떨어질수록 많은 노출횟수 필요
광고률 요인	신규광고	신규 광고캠페인은 지속적 캠페인에 비해 많은 노출횟수 필요
	복잡성	메시지가 복잡할수록 많은 노출횟수 필요
	독특성	메세지가 독특할수록 많은 노출횟수 필요
	광고형태	이미지광고는 제품 광고에 비해 많은 노출횟수 필요
매체 요인	스케줄링	파동형 광고는 지속적 광고에 비해 많은 노출 횟수 필요
	편집성향	매체의 편집성향과 부합되지 않는 광고는 많은 노출횟수 필요
	주의유발	매체의 주의유발 정도가 낮을수록 많은 노출횟수 필요
	광고경쟁	광고활동이 경쟁적으로 이루어지는 경우 많은 노출횟수 필요

❹ 공동 주최

공동 주최는 행사의 기획 단계에서부터 행사 대행사 이외에 다른 조직이나 단체가 참여한 다는 의미가 있다. 최근 국민적 관심을 모았던 북한 예술단의 서울 공연이라든지 북한 교향악단 서울 연주회 등은 행사 대행사와 KBS가 공동 주최한 대표적인 행사이다. 공동 주최가 다른 형식과 비교할 때 차이는 공동 주최사 모두에게 행사 전 과정에 대한 책임이 발생한다는 점이다. 따라서 공동 주최자는 대개 행사예산책정 과정에서부터 마지막 과정까지의 전체 과정에 공동으로 참여한다.

❺ 현물 협찬

수입을 증가시킬 수 있는 방법으로 제공업체와 물물교환을 통해 충당될 수 있는 비용 발생원을 파악 하는 것이다. 예를 들어 무료증정 프로그램을 통해 행사를 광고하는 효과를 거둘 수 있다. 예를 들면, 언론에 무료 입장권을 배포하는 것이다. 특히 기금 모집 행사의 경우에는 상당한 온정을 기대 할 수 있기 때문에 제공업체를 확보하는 방안으로 현물 협찬을 기대할 수 있다.

❻ TV-SPOT 광고 시 후원사 명 공시

spot은 말 그대로 점, 짧은 시간을 뜻한다.
스팟이라는 개념은 위에서 말한 정규 프로그램 광고 외의 것을 지칭한다. 예를 들어 이동

전화회사가 방송사와 함께 올림픽 응원 캠페인을 할 때 이에 대한 홍보를 하기 위해 기존 매체 청약으로는 힘들다. 이럴 경우 스팟 광고를 50이나 100회 정도 구입해서 활용한다. 신경 써서 보면 모든 광고는 프로그램 광고가 대부분인데 이에 속하지 않는 광고나 혹은 방송사 고지광고 같은 것들, 행사나 공연 광고 같은 것들 보면 프로그램에 속하지 않은 별도 시간대에 집행이 된다. 이런 것을 보통 스팟 광고라고 한다. 하지만, 일반적인 개념으로 확대해 본다면 정규 프로그램 광고를 제외한 여분의 공간이나 시간대를 활용하는 광고활동을 지칭할 수도 있을 것이다. 또한 홍보물에 기업명 로고를 게재 한다던가 회장 내 홍보코너를 제공하여 홍보효과를 높이고 입장권을 제공하는 방안도 생각해 볼 수 있다.

세 부 CHECK LIST

행사(장)명		List No.	7-02
대분류	Management	소분류	협찬 · 후원금유치

세 부 항 목	정량적 판단		정성적 판단					판단 사유	평가
	유(횟수)	무	A	B	C	D	E		
정부기관 후원									
공익기관 후원									
TV 노출 횟수									
라디오 노출 횟수									
공동 투자									
현물 협찬									
공식후원사 명칭사용 및 공식 휘장 및 엠블럼 사용권									
TV–SPOT 광고 시 후원사명 공시									
홍보물에 기업명 로고 게재									
화장 내 홍보코너 제공									
입장권 제공									
후원금 납부 방안									

비고

대행사 점검일자	년 월 일	담 당 자	□□
감리원 검수일자	년 월 일	감 리 원	□□

3. 휘장권(BI) 판매

월드컵 시즌이 되면 월드컵 마스코트와 휘장이 새겨진 각종 상품들이 축제 분위기를 더욱 고조시키고 있다. 그러나 이것은 누구나 사용할 수 없는 권한, 기업들은 이러한 휘장권을 비롯한 마케팅 권리를 얻기 위해서 치열한 경쟁을 치러야 하고 그 대가로 많은 돈을 조직위에 지불해야 한다. ISL(International Sports, Culture & Leisure MKTG)은 1787년 멕시코 월드컵 이후 FIFA(국제축구연맹)의 공식 대행사로서 월드컵마케팅을 독점하여 대행하고 있으며 2002년 한일월드컵 이후까지 계약이 되어 있다. ISL은 FIFA를 대신하여 각 기업들의 해당 품목에 대해 월드컵과 관련된 독점적인 마케팅 권리를 보장하고 그 대가로 막대한 후원금을 모집한다.

❶ 기념품 판매

기념품 판매는 예산의 주 수입원 이라기보다는 보조 수입에 지나지 않는다. 그렇다 하더라도 이 분야의 수입을 늘리는 노력을 증대 하는 것이 중요하다. 수입 증대가 비교적 유망한 분야이기 때문이다.

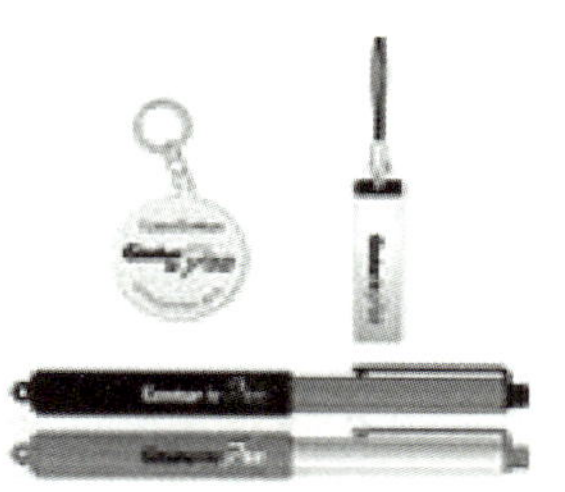

그림 7.1 기념품 예시

❷ 전시판매장 개설 및 운영

전시 행사의 경우 가장 큰 수입은 전시장 공간 대여 수입이다. 공간 대여 교금은 전시회에 따라 다르지만 주최 측이 일반적인 추세와 상황을 고려하여 결정한다. 국제적인 박람회나 쇼 등에서는 참가희망 업체들이 많아 전시장 대여 수입이 전체 수입의 절반 이상을 차지할 때가 많다.

그림 7.2 전시장 판매

4. 지출관리 능력

행사진행 관리자는 예산의 재배분, 업무인계 시점에서의 예산의 절충 등을 엄격히 허야 된다. 그렇게 해도 많은 절충과 조정사항이 생기게 된다. 1차 견적 단계에서는 대게 그 총액이 많이 부풀려져 있는 상태인 경우가 많다. 따라서 세부적인 항목별 예산 검토는 필수적이다. 그리고 적절한 요원배치와 예산 집행과정에서 영수증 정산자료 체크까지 꼼꼼히 체크허야 할 부분이다.

세 부 CHECK LIST

행사(장)명		List No.	7-04
대분류	Management	소분류	지출관리 능력

세 부 항 목	정량적 판단		정성적 판단					판단 사유	평가
	유(횟수)	무	A	B	C	D	E		
항목적용의 타당성									
요원배치									
고정비									
변동비									
인건비									
관리운영비									
광고/홍보비									
섭외비									
출연료									
돈집행, 영수증 정산자료 체크									

비고

대행사 점검일자	년 월 일	담 당 자	☐☐
감리원 검수일자	년 월 일	감 리 원	☐☐

5. 경영관리(수익)

❶ 행사의 목적 및 규모에 따른 배분

행사를 위한 입장료 수익은 행사의 개최시점에 수익을 인식한다. 한 입장권으로 다수의 행사에 입장할 수 있으면 각 행사에서 수행된 용역 정도에 따라 배분하여 수익을 인식한다.

❷ 정성적 기대

행사의 목적을 달성하기 위하여 일관성을 갖고 행사를 진행하는 것도 중요하지만 이에 못지않게 행사 실행 후 이를 평가하는 일 또한 매우 중요하다. 행사의 효과 측정은 실시 효율성에 관련된 중요한 요소이다.

그러나 행사의 효과 측정은 다른 마케팅 활동을 조사하는 것과는 달리 매우 어려운 작업 중의 하나이다. 행사의 본래 목적이 어느 정도 성취되었는가를 중심으로 행사의 역할을 다음과 같이 평가해 나간다.

참가자들이 행사를 통하여 무엇을 만족하였으며, 주최자가 본래 의도한 대로 메시지는 잘 전달되었는가, 예상된 수만큼 참가자는 방문하였는가. 행사를 통하여 즉시적인 판매효과(매출액 증가)는 어느 정도 달성되었는가. 퍼블리시티 효과와 이를 통한 상품 브랜드 기업의 인지도는 어느 정도 향상 되었는가, 그 밖의 행사와 함께 파생되는 간접적인 파급효과(지역 활성화, 내수 창출, 문화·관광 자원의 개발 등)는 얼마나 성과가 기대될 수 있는가, 인센티브 효과와 함께 거래처 및 협력 회사에게 신뢰도, 관계 개선 효과는 있었는가 등 행사의 기본 효과, 즉 앞에서 언급되었던 행사의 일반 효과(다이렉트, 커뮤니케이션, 퍼블리시티, 판머 촉진,

인센티브 효과)를 중심으로 다양한 효과를 평가할 수 있고 행사의 일반 효과에서 파생된 파급 효과도 조사를 통한 분석과 평가도 어느 정도 가능하다.

최근에는 홈페이지를 통한 인터넷 광고의 효과와 세일즈 프로모션 믹스 전략의 기대, 캐릭터를 행사 이벤트에 접목시킴으로서 나타나는 효과, 그리고 현장에서 행사를 참가한 고객에게 직접 만족도와 현장 조사를 병행하여 효과를 측정, 평가할 수 있는 밥법 등 행사 효과는 매우 다양하게 분석할 수 있다.

일반적으로 행사는 현장 매체의 특성을 가지고 있어 다양한 인간적 교류에 의한 감동과 순간적이면서도 충동적인 느낌, 반응 등 복잡한 심리적인 변수 및 융통성을 요구하는 것이므로 계량적, 정량적인 접근 보다는 감성적 · 정성적인 방법에 의한 평가가 요구된다.

❸ 정량적 기대

행사진행 및 결과에 따른 평가에 있어 접근 방법은 여러 가지가 있지만 그 중 한 가지가 바로 정량적 평가와 정성적 평가로 나누는 방법이다. 간략하게 정리하면 정량적 평가는 평가 대상을 바라볼 때에 양적인 측면을 바라보는 것이고, 정성적 평가는 질적인 측면을 바라보는 것이라 할 수 있다. 대개의 경우 이 두 가지 측면은 함께 바라봐야 하기 때문에 어느 하나에 더욱 많은 비중을 둬 평가한다면 올바른 평가를 하기가 힘이 든다.

정성적인 평가에 앞서 정량적인 평가가 선행되어야 하는 것은 당연하다(사실 정량적인 평가 없이 정성적인 평가를 기대한다는 것은 특수한 경우를 제외하고 일반적인 경우에서는 찾아보기 힘들다). 하지만 정량적인 평가가 어느 정도의 안정적인 궤도에 올랐다면, 여기에 정성적인 성과가 뒷받침되어야 행사는 성공적으로 진행될 것이다.

❹ 부스 판매

전시부스판매로 얻은 수입은 개별부스 가격결정에 포함된다. 부스 가격결정에는 세 가지 방법이 있다. 장소에 따른 가격 결정, 부스별 동일 가격, 평방피트나 입방피트별 가격 등이다. 장소에 따른 개별부스의 가격은 노출에 의해 결정된다. 입구나 중앙통로에 위치한 전시부스는 후면보다는 더 큰 노출을 갖게 된다. 모서리 부스는 양쪽 통로에 노출을 갖고 있기 때문에 보다 높은 효율이 책정된다. 회의 행사지역 즉 등록, 희의 지역, 식사급식 지역의 맞은 편들은 노출이 좀 더 좋은 편이므로 휴게실 옆의 부스처럼 더 높은 가격으로 책정할 수 있다. 모든 부스가 동일가격이든, 평방 또는 입방피트를 기준해서 가격을 정하든 전시회이든, 가격결정은 전체 수입규모를 정하기 위해 판매 가능한 전시 면적의 총량을 계산하기만 하면 된다. 어떤 컨벤션 단체에서는 회원이나 준회원에게 부스가격을 할인해 준다.

그림 7.3 부스 예시

세 부 CHECK LIST

행사(장)명		List No.	7-05
대분류	Management	소분류	경영관리(수익)

세 부 항 목	정량적 판단		정성적 판단					판단 사유	평가
	유(횟수)	무	A	B	C	D	E		
행사의 목적 및 규모에 따른 배분									
정성적 기대									
정량적 기대									
부스판매									
off/online									
투자대비 수익창출									
협찬금									
입장료 수입									
기타잡 수입									
브랜드 로열티									
판매									

비고

대행사 점검일자	년 월 일	담 당 자	□□
감리원 검수일자	년 월 일	감 리 원	□□

6. 진행능력

❶ 진행자 인지도

① 행사 자체의 인지도, 행사 선호도, 행사의 영향력
② 행사 기획자의 기획력과 구성능력
③ 참가자의 의도 및 성향에 맞는 기획 및 구성
④ 행사 아이템 간의 시너지 효과 부여
⑤ 진행자의 인지도, 흡입력, 진행 능력(유머감각, 친근감, 좋은 음성 등)
⑥ 참가자의 기호에 맞는 아이템 기획
⑦ 시대적·시기적 필요 및 요구에 부합하는 기획
⑧ 흥미로운 행사 아이템 선정
⑨ 참가자 참여도

❷ 위기 대처 방안

철저한 사전 대비/신속하고 정확한 상황 판단력/기지와 순발력이 필요하며 민첩한 두뇌를 가져야 된다. 또한 신속, 적절한 위기 대처 능력을 사전에 키움으로서 위기 시 신속하게 대처할 수 있다.

❸ 업무 분담

행사준비는 먼저 조직편성과 업무 분담에서 시작한다. 행사의 내용에 따라 다르기는 하지만 통상 준비 단계에서 다음과 같은 편성과 분담이다.

- 행사 기획자 : 전체 행사 기획안 작성의 진행과 평가 및 각종 조정을 담당한다.
- 기획 담당 : 행사 내용을 검토하고 시행계획서를 작성
- 안내 담당 : 참가자, 초대 손님 작성 명단, 안내장 작성과 발송, 출석 확인
- 회계 담당 : 예산 작성과 관리, 소액 현금의 출납 관리, 각종 임금과 지불, 수입/지출 결산서
  작성

행사 당일에는 준비 기간 중의 조직편성과는 별도로 진행 담당, 행사장 담당, 접대 담당, 접수 담당 등 각각의 담당 업무를 결정하여 행사가 원할 하게 진행되도록 한다.

7. System 응용능력 / 8. 예술·연출능력

　Directing 부분에서 조명, 무대, 레이저, 음향, 음악, 영상을 특수효과에 대한 필요한 연출능력으로 시스템 특성 및 기능을 정확하게 이해해야 한다.

　행사의 목적 및 목표에 맞는 System 운영과 연출가의 탁월한 능력을 어떻게 발휘하느냐에 따라서 그 행사의 성패가 결정된다는 점을 상기하고 System 운영팀과 연출팀과의 조화로운 커뮤니케이션을 위해 사전에 미팅과 회의를 통해 어떠한 위기상황에도 응용능력을 발휘하여 행사의 진행에 차질이 없도록 연출가의 지시에 따라야 한다.

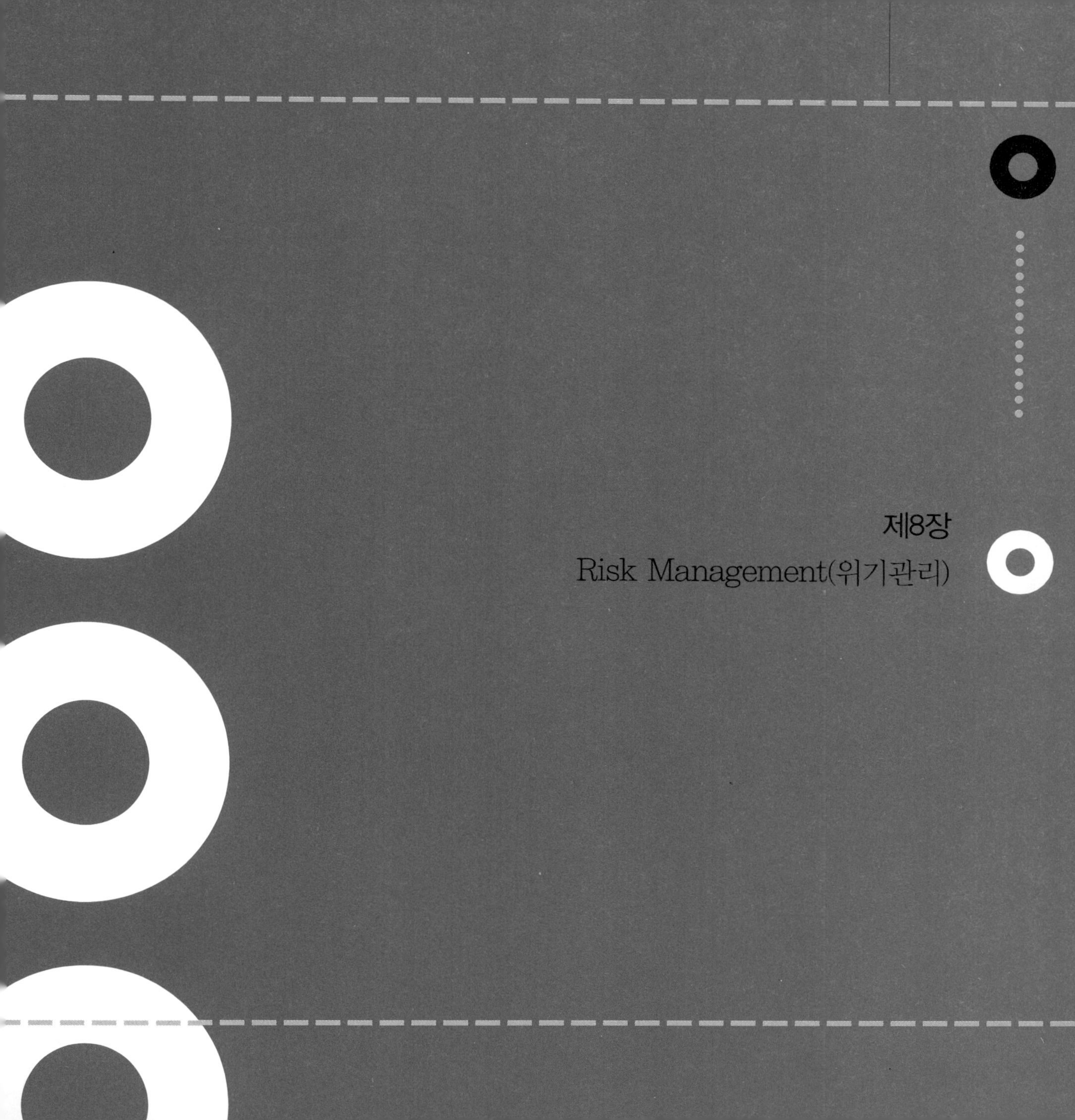

제8장
Risk Management(위기관리)

1. 우천 시 대처 방안

우천으로 발생할 수 있는 운영상의 문제점을 사전에 파악하여 대비할 수 있도록 조치하도록 한다.

❶ 대체 프로그램의 준비

우천 시, 행사지연 안내 멘트 후 비의 양의 소량이거나 혹은 멈출 경우 행사를 진행한다.

우천 시, 사고발생 예상 부분을 사전에 점검 및 조치 후 행사 일정에 따라 강행 여부를 결정한다.

우천 시 가능한 대체 프로그램을 준비하여 혼란을 미연에 방지한다.

우천으로 발생할 수 있는 운영상의 문제점을 사전에 파악하여 대비할 수 있도록 조치한다. 또한 관람객의 안전을 위해 미끄럼이 예상되는 동선 상에 사전 예방조치를 통해 사고를 미연에 방지 한다.

❷ 일기예보 사전 확인

① 일기예보

앞으로 다가올 날씨를 예보하는 것으로, 어느 기간에 있어서 어떤 장소, 즉 지점·지역 또는 항공로와 같은 어느 경로가 포함되는 기상상태를 미리 알려주는 것이다.

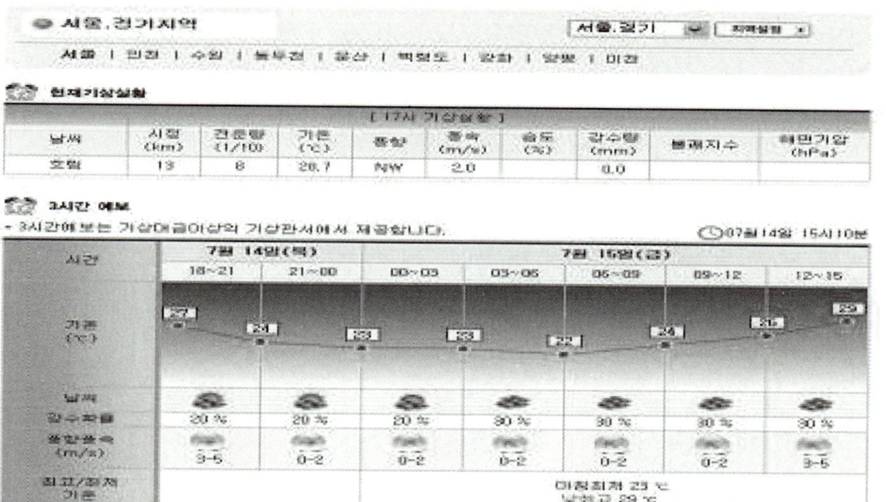

그림 8.1 기상청 홈페이지

❷ 일기예보 수신

- 일기예보는 기상청이 전국을 총괄하여 예보 문을 발표하고, 각 지방 기상청은 지형특성을 고려하여 지역예보 문을 발표한다. 또한 각 기상대는 관할 지역의 시/군별 기후 특성을 고려하여 국지예보(한정된 지역의 예보)를 발표한다.
- 전국 예보, 지역 예보, 국지 예보는 컴퓨터 단말기, 팩TM, 전화를 이용해 각 언론 매체에 통

보되며, 일반 이용자는 집에서 TV나 라디오, 신문 등을 통해 이 정보를 접하게 된다.

- 또한 각 매체에서 정규적으로 전달하는 것 외에 일기예보를 알 수 있는 방법으로는 전화를 이용하 는 법과 인터넷을 이용하는 방법 등이 있다.

- 기상청 전화번호 : 02)841-0011
- 기상청홈페이지 : http://www.kma.go.kr/kor/weather/forecast/forecast_01.isp
- 생활 기상정보 : http://www..industry.kma.go.kr/APP/sub_APP04.htm

❸ 일정 연기 확인

행사일정 변경에 따른 스케줄을 확인한다.

❹ 우천 시 대피장소 확보

사전에 파악된 기상 정보를 바탕으로 우천에 민감한 장비를 위한 방수커버 준비한다. 우천 시 사고 발생의 우려가 있는 장비의 경우, 우천에 관계없이 사전예방 조치한다.

표 8.1 우천 시 대책사항

우산/우의 예비량 \ 우천확률	40% 이하	50~70%	70%	80% 이상	비고
관람객용	1,000/1,000	2,000/2,000	3,000/3,000	5,000/5,000	관람객 28,000명 기준 (판매용)
운영 요원용	우의로 전량 사전 배포				
의전용	의전용 우산 및 우의 전량 사전 준비				VIP등급에 따라 우산 및 우의 지급

⑤ 우의 및 모자 확보

참석 VIP를 사전에 파악, 우천에 관계없이 우의 및 우산 전량 준비

항목	대책	비고
시스템(System) 부문	방수포 준비, 기기 자체 커버	
Royal Box	우산 및 우의 준비	의전부 담당
출연진	대기공간 차단막 설치	

2. 소방·전기·기타

❶ 불안요소 점검

	주간		야간
화재발생	관람객 대피 : 대피반 편성		종합 조정살 −당내 직원의 조직위 소방대에 긴급연락 −사무국 직원에게 비상연락
	비상벨	방송실 : 혼란방지, 질서유지 안내방송 회장 내 소방대 신고(대기) 도우미 및 경비요원의 대피 가능 동선 유도	비상벨
		발생구역 남성 운용 요원 소화 작업 소화대책반 소화 작업 : 불가항력 시 대피	경비원은 조직위 소방대 지원 시까지 소화작업 (불가항력 시 대피)
	중요시설물 및 서류반출 지휘반		당직직원 : 운영본부 및 행사장 주요 물품 일차반출

❷ 위험 방지

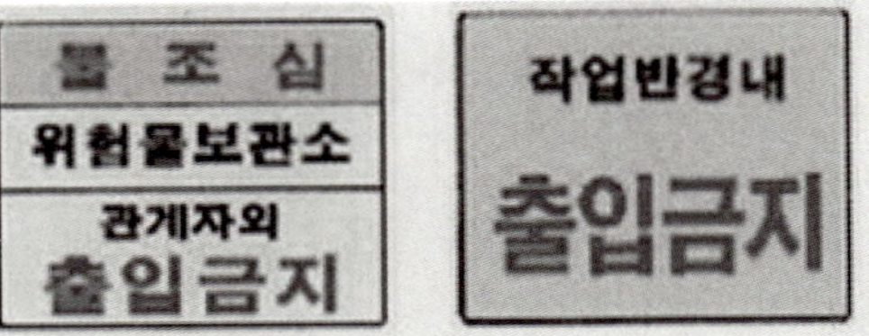

❸ 소방전 및 소화기

① 소화기

재의 극히 초기단계에서 소화제가 갖는 냉각 또는 공기차단 등의 효과를 이용해서 불을 끄는, 운반할 수 있는 기구를 말한다. 사용하는 약제 또는 그 메커니즘에 따라 여러 종류가 있으나 현재 사용되고 있는 소화기는 포말소화기(泡沫消火器)·분말소화기·할론 소화기·이산화탄소소화기 등이다.

② 소방전

인공수리(人工水利) 중에서 도시 방화수리(防火水利)로서 특히 중요한 시설이다. 소화전에 대한 설치기준이나 규격 등에 대해서는 소방법에 규정되어 있다. 소화전은 크게 옥내 소화전과 옥외 소화전으로 구별되며, 옥외 소화전은 다시 지상 식과 지하 식으로 구별된다.

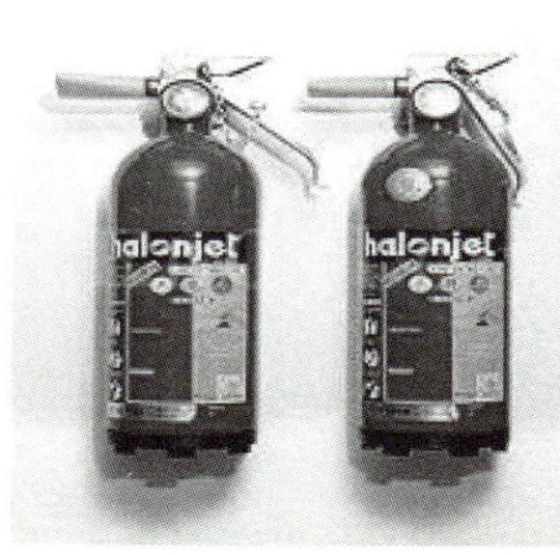

그림 8.2 소화기, 소화전

❹ 화재예방 교육

해당 관할 소방본부와 유기적이고 긴밀한 협조 체제 구축한다. 또한 사전 화재예방으로 각종 재해를 방지하는 것은 물론 철저한 사전교육과 자체 예방시설을 갖추는 일련의 계획을 구축한다.

◐ 화재 예방 교육 SHEET ◑

❶ 화재의 정의

화재란 인간의 통제를 벗어난 원하지 않는 연소현상으로 불을 사용하는 인간의 부주의와 불안정한 상태에서 발생하여 인간의 신체, 생명 및 재산상의 손실을 가져오는 재앙을 말한다.

❷ 연소의 조건

발화현상은 어떤 물질이 미연소 상태로부터 연소되는 상태를 말하며, 이 현상이 일어나기 위해서는 물질과 에너지에 관한 특정조건 즉 다음의 세 가지 조건(연소의 3요소)이 만족되어야 한다.

① 가연물(유류, 가스, 목재, 종이, 섬유 등)

가연물이란 산소와 반응 시 발열에 의해 연소가 계속되는 물질을 말한다.

일반적으로 산소와 반응하는 물질은 모두 가연물이라 하지만 발열반응을 수반하지 않는 물질은 가연물이라고 하지는 않는다.

② 점화원(전기불꽃, 산화열, 정전기 등)

점화원이란 물질이 연소하는데 필요한 에너지원을 말하며, 화기는 물론이고 전기불꽃, 마찰열 및 충격 등에 의한 불꽃과 발열, 자연발화의 원인이 되는 산화열 등 물리적이고 화학적인 현상에 의해 열원이 되는 것이 많다.

③ 산소공급원(공기, 산화제, 자기연소성 물질 등)

연소 시에는 공기 중의 산소가 이용되며, 그 외에도 산화제(염소산염, 과산화물 등)와 같이 다른 물질에 산소를 공급하는 물질, 셀룰로이드 등과 같이 가연물체가 연소에 필요한 산소를 포함하고 있는 물질도 있다.

❸ 화재의 종류

화재는 가연물의 종류와 성상에 따라 화재의 종류별 급수를 정하고 있으며, 우리나라는 미국, 일본 등과 같이 A, B, C, D, E급으로 분류하고 있으나 화재발생의 빈도수로 보아 통상 A, B, C급으로 대별하고 있다.

※ 화재방지를 위한 근로자의 법상 의무

화재는 화기가 없으면 절대로 발생하지 않는다. 그러므로 화재의 위험이 있는 곳에는 화기를 근접시키지 않는 것이 화재방지의 최상 책이다.

산업안전보건법에서도 화재의 염려가 있는 장소에는 관계근로자 외의 근로자는 출입하지 못하도록 하고 있다. 이는 자기도 모르는 사이에 화기를 위험물 가까이 가지고 가지 못하도록 사전에 방지하기 위한 조치이다.

화재를 발생하는 원인 중 담뱃불에 의한 화재가 상당한 부분을 차지하고 있다. 이와 같은 담뱃불에 의한 화재를 방지하기 위해서 담배를 조심스럽게 피우는 것만으로는 부족하고 화재가 발생할 위험성이 있는 곳에서는 아예 담배를 피우지 못하도록 하고 있다. 근로자는 이러한 흡연금지 장소에서는 절대로 담배를 피우지 않은 의무가 부여되어 있다.

급수	A (백색)	B (황색)	C (청색)	D	E
분류	목재, 종이, 섬유류 등의 일반가연물	유류(가연성 액체 포함)	전기	금속	가스(압축, 액화)
원인	• 일반적인 화기의 취급부주의 • 기타 고의에 의한 방화 및 타다 남은 불티 등의 취급부주의	• 연소기구의전도에 의한 발화 • 연소기구(석유난로, 보일러 등)의 과열 • 유류의 증기와 공기의 조성이 폭발범위를 형성한 상태에서의 열과 접촉	• 누전, 접속부 과열, 과부하(과전류), 스파크, 절연불량, 단락, 지락에 의한 발화	• 금속 가공 시 비산하는 금속분진이 점화원인 열과 접촉 시 발화	• 가스의 누출, 정전기, 스파크 등에 의한 발화

❹ 연소생성물질

　화재로 인하여 생성되는 유독가스, 열, 연기 등과 같은 연소생성물은 인간에게 많은 위험성을 준다.

　이러한 위험성 중에는 열, 연기의 밀도, 혹은 눈의 염증으로 인한 시각장애, 질식제의 흡입에 따른 신경마비 그리고 호흡곤란 등의 현상이 생긴다. 화재 때 흔히 일어나는 연소생성물질은 신체능력 상실, 근육신경조절능력상실, 판단력상실, 방향감각상실, 시각장애 및 극도의 흥분상태를 가져온다.

　피난의 방해나 지연은 유독가스의 흡입으로 인한 부상을 당하거나 심지어는 사망에 이르게 되고 혹은 열기에 의해 고통을 받게 된다.

① **연소가스**

물체가 열분해 혹은 연소할 때 생기는 것으로 질식제 혹은 마취(혼수)성의 유독물질, 감각기관이나 폐 기능의 자극제, 기타 독성을 가진 것이 있으며, 질식제 혹은 마취성의 유독성물질의 영향은 흡입량, 즉 접촉된 농도와 시간에 의해 결정된다. 흡입량이 많으면 그 효과도 크다.

물질의 연소로 많은 질식제가 방출되지만, 일산화탄소(CO)와 시안산(HCN : 시안화수소)은 격심한 독성이 검출된다.

② **열(Heat)**

열은 인간에게 중요한 신체적 위험을 준다. 신체에 반응하는 총 열에너지가 생리적 방어능력을 초과하면 부상에서 사망에까지 이르게 한다. 가열된 공기와의 접촉효과는 화재상황에서 습기의 존재로 더욱 가중된다. 높은 습기의 함유는 열에너지의 전환을 활성화시키고 육체는 화상을 입게 된다. 화재상황에서 나타날 수 있는 습기는 자연적인 습기, 연소자체와 소화하기 위해 주수한 것으로부터 생성된다. 심한 열기가 지나치게 폐에 침투하여 혈압을 감소하게 되면 혈액순환 장애로 인하여 모세혈관이 파열되는 결과를 가져올 수 있다.

피부조직의 화상 구분

1도 화상	피부의 외상으로 피부가 비정상적으로 붉고, 통증과 때때로 피부 표면에 작은 수포가 생긴다.
2도 화상	피부 속으로 열기가 침투한 경우이며, 화상부위는 축축하고 피부에 물집이 생기고, 피하조직에 상당한 정도의 수포가 생긴다.
3도 화상	일반적으로 피부는 건조하며 까맣게 타거나 흰 진주 빛을 나타낸다.

③ 연기

 연소가스에 덧붙여 연기는 미세하게 이루어진 미립자와 에어로졸성의 불안정한 액체입자로 이루어져 있고, 그러한 탄소성물질은 화재에서 정상적으로 나타나는 불완전한 연소조건 하에서 대부분의 물질이 타면서 형성된다. 연기를 구성하는 미립자와 에어로졸의 평균 크기는 가시광선의 파장 정도이고 빛이 분산되어 매연의 색깔은 거무스름해 보인다. 빛을 차단하는 검은 연기는 비상구를 찾는데 장애를 주고, 화재현장에서 피난을 곤란하게 한다. 피난을 곤란하게 할 만큼 매우 빠르게 발생하는 매연은 보통 화재현장에서 발생하는 첫 번째 위험요소이다.

❺ 화재로 인한 재해예방대책

 화재가 발생되지 않도록 하는 가장 근본적인 대책은 최초의 점화를 방지하는 대책이다. 이것은 출화(出火)물질이 되는 위험물질과 여기에 발화의 에너지를 주는 발화원을 유효적절하게 관리하는 방법 이외는 없다.

① 가연물의 집적방지

 화재가 확대될 때는, 출화점 근처에 다량의 가연물이 집적되어 그것이 원인이 되는 경우가 많다. 발화위험이 있는 작업장에는 불필요한 원료, 제품, 상품 등을 다량으로 집적하면 매우 위험하다. 안전한 창고 또는 집적 장을 설치하고 저장 또는 보관시켜야 한다.

② 건물·설비의 불연화

 건물은 방화구조가 되어 있는 내화구조로서, 내부의 가구, 기구 등의 설비도 가능한 한 불연성의 재료를 사용한다. 연소 시 다량의 연기 또는 유해가스를 내는 재료는 피해야 한다.

③ 방화벽, 방유 제 및 방액제 등의 정비

건물의 중간이나 통로에 방화벽을 세운다. 가연성 액체의 탱크주변에는 방유제, 액화가스 탱크 주변에는 방액제를 설치하고 내용물이 누출할 때에는 누출물이 멀리 확대되지 않는 대책을 세운다.

④ 공한지 확보

위험물질의 저장소 및 위험작업을 행하는 건물의 주변에는 일정한 공한지를 확보하고 화재위험이 다른 시설에 미치지 않도록 고려한다.

⑤ 위험물시설 등의 지하매립

휘발유 탱크, LPG 탱크 등은 지하 탱크로 하는 것이 안전하다.

⑥ 화재예방수칙

- 흡연은 지정된 장소에서만 하고, 반드시 불을 끈 후 재떨이에 버리도록 한다.
- 화기 작업 시 감시자를 지정·배치하고 소화장비를 갖추고 작업한다.
- 전원을 사용하고자 할 때에는 전기담당자의 안내를 받는다.
- 화기엄금, 출입금지 등의 안전표지를 지킨다.
- 위험물, 가스 사용 장소에서 화기는 충분한 안전거리를 유지한다.

- 작업 후 정리정돈 및 청소를 깨끗이 한다.
- 화기 사용 후에는 반드시 소화상태를 확인하고 작업장을 떠나야 한다.
- 부서 내에 있는 소화기구 등은 정상작동이 될 수 있도록 항상 점검·관리한다.

6 소화의 원리 및 방법

연소의 3요소 중 한 가지 요소만 제거해도 발화 또는 연소는 일어나지 않으며, 일반적인 발화의 억제방법은 다음과 같다.

① 물에 의한 방법(냉각소화)

물은 목재나 종이류, 판지 기타 건축자재로 사용되는 물질과 가구류 등과 같은 가연성 물질의 연소에서 열을 냉각시키는 수단으로 가장 효과적이다.

② 산소차단 방법(질식효과)

산소는 대기 중에 20.9% 정도가 존재하고 있기 때문에 항시 연소에 필요한 산소는 존재하고 있다. 따라서 소화에 필요한 탄산가스나 질소가스를 투입하여 산소율(%)을 인위적으로 줄일 수 있다. 이러한 산소의 희석은 증기의 형태로 가능하며, 이 증기는 일정하게 구획된 장소의 화재에서 물에 의한 소화 과정에서도 발생하게 된다.

③ 제거 소화방법

가연물을 연소가 되기 전에 격리조치 하는 방법으로 이미 연소하고 있는 가연물의 일부분

절개(파괴)·분리하여, 연소의 확대를 중단시키는 소화방법이다. 예를 들어 가스나 유류를 배관을 통하여 송유 하는 경우 개폐밸브를 막아 연료를 차단 한다던가 대 화재의 경우 일정 범위 내에 있는 건축물을 제거하고 방화선(공지확보)을 구축한다든지 하는 방법 등이 해당된다.

④ 연소 억제방법

할로겐 화합물이나 알칼리 금속을 화염 속에 투입하면 투입물 그 자체 또는 열분해에서 생기는 생성물이 연소에 중요한 역할을 하고 있는 원자나 연소물과 반응하여 불활성 물질로 변화시키기 때문에 연소가 억제된다.

❼ 화재발생 시 소화대책

화재가 발생하면 "불이야" 하고 외치거나 비상 경보벨을 울리는 행동이 가장 급선무이며 이어서 대피 또는 119 신고 등이 이루어져야 할 것이다. 그러나 평소 교육·훈련을 통하여 배워 익히지 않으면 당황하게 되므로 충분한 사전 예비지식을 갖도록 해야 한다.

① 초기 소화 작업의 단계적 조치

- 소화 작업은 침착하게 화재현장의 상황을 정확하게 판단하고 신속하게 진행한다.
- 소화 작업은 화점에 가깝게 접근하여 불꽃을 중앙에 두고 포위하여 사방에서 동원 가능한 소화기구 또는 시설을 최대한 활용하여 집중적으로 소화 작업을 행해야 하며 작업 순서는 불이 타고 있는 아랫부분부터 끈 후 윗부분을 끄도록 한다.
- 불길을 잡을 수 없을 때에는 다른 장소로 한 걸음 후퇴하면서 화재가 더 이상 확대되지 않도록 연소방지에 주력한다.

- 화재현장 주위의 불길이 옮겨 붙을 우려가 있는 가연성 물질은 재빨리 제거한다.
- 발화건물의 외벽 등에 물을 뿌리면 건물 자체의 구조내력이 손상되어 붕괴위험이 있기 때문에 주의를 기울여야 하며 기왓장이나 벽돌 등에도 다치지 않도록 안전에 만전을 기해야 한다.

② 소화요령

- 담요나 기타 덮개 등을 이용한 소화 : 석유난로가 넘어져서 타고 있을 경우 물에 적신 담요나 옷가지 등으로 덮어주거나 혹은 모래 등을 뿌려 완전 질식소화 할 수 있다.
- 소화기를 이용한 초기소화 : 소화기는 특수한 상황을 제외하고는 바람이 부는 쪽을 등에 지고, 화점에 가깝게 접근하여 안전핀을 뽑고 소화기의 방출 구를 화점에 가깝게 향한 후 손잡이를 움켜쥔다.
- 옥내 소화전에 의한 초기 소화 : 옥내 소화전은 건축물 기타 공작물 내에서 발생한 화재를 발화초기에 신속히 진화할 수 있도록 설치되어 있는 것이다.

③ 소화기구

- 소화기를 두는 곳(표시판이 있음)은 잘 알고 있어야 한다.
- 소화기·방화용수통 등은 정해진 장소에 두고 옮기지 않는다.
- 소화기구 주위는 깨끗이 정돈하고 다른 물건을 두지 않는다.
- 소화기는 필요시 사용될 수 있도록 취급방법을 충분히 알고 있어야 한다.

❺ 시설 및 행사도구 정기점검 및 수시 점검

시설 및 행사도구 정기/수시 점검은 사고를 미연에 방지하기 위해서 반드시 필요하다.

① 재해 예방의 원칙

재해를 예방하기 위해서는 네 가지 원칙이 있다.

- 인재(人災)는 원칙적으로 예방이 가능하다. 재해가 발생하기 전에 미연에 예방하는데 중점을 둔다. 따라서 인재의 발생원을 조사하고 위험성 물질의 적정 관리가 필요하다.(예방 가능의 원칙)
- 재해는 사고로 인한 피해로 손실을 발생시킨다. 배관에서 가스가 누출되거나 분출되어 화재 폭발이 일어나면 많은 손실이 생긴다.(우연의 원칙)
- 사고는 필연적인 원인이 있어서 발생한다. 사고와 손실은 우연히 있을 수 있지만 사고의 원인은 필연적이다.(원인 연계 원칙)
- 재해가 발생하는 것을 제거하려면 일어나기 전에 대책을 적절하게 선택하여 사고가 발생되지 않도록 해야 하나, 여러 가지 원인의 대책으로 기술적 대책 또는 공학적인 대책이 있는데, 여기에는 교육적 대책, 관리적 대책 또는 규제적 대책이 있다.

재해를 예방하기 위해서는 이 네 가지 원칙을 적절하게 활용하여 재해 예방 계획을 수립하고 실시하는 종합적인 안전대책이 요구된다.

② 안전 관리의 책임

안전 관리는 본인의 생명과 직결된다. 이 생명은 본인이 지킬 책임이 있다. 1차적인 책임은 본인에게 있고, 2차적 책임은 관리 감독자들에게 업무상의 책임으로 부과되고 있다. 회사는 조직을 통해 생산과 안전의 책임으로 주어진다. 산업안전·보건법에서는 사업주, 안전·보건 책임자, 관리 감독자, 근로자에게 안전 책임 의무를 강제로 부과하고 있다.

③ 위험 소재의 발견과 분석

사고는 반드시 어떤 원인이 있어서 발생된다. 그러면 발생하는 원인이 무엇인가를 정확히 찾아서 분석을 하지 않으면 위험 요소를 제거시키지 못하므로 연속적으로 재해의 싹이 트게 된다. 그 원인이 인적인 불안전 행동 요소인지, 물리적 불안전 상태인지, 이것을 둘러싼 복합적인 환경에 있는지 등을 면밀히 검토하여 대책을 세워 실시해야 한다. 사고가 일어날 수 있는 문제점이 왜 생기는지를 육하원칙에 의해서 자문자답하면 근본적인 문제로 집약되고, 이 것을 반대로 생각하면 대책을 착안할 수 있다.

④ 기계·기구의 안전 교육

안전을 확보하기 위해서는 생산의 안전화가 되는 기계 설비의 근본적인 안전화가 필요하다. 사람이 잘못 조작하여도 기계의 위험이 제거될 수 있는 시스템이 되도록 설계 단계부터 안전성과 신뢰성을 검토하여 안전이 확보되도록 해야 한다. 예를 들면, 세탁기 뚜껑을 열면

작동이 중지되도록 리미트 스위치를 부착하고 사람의 손이 위험 부분에 들어가면 기계가 멈추도록 한다거나(프레스 안전장치), 선풍기가 회전할 때 손을 가져가면 멈추도록 한다거나 등이다.

❻ 소방계획서

방화관리업무 전반에 관하여 필요한 사항을 정하고 이를 실천함으로써, 행사 자체의 화재를 예방, 경계 또는 진압하여 인명과 재산을 화재로부터 적극 보호할 수 있는 제도적 장치를 마련할 수 있다.

표 8.1 소방 조직 예시

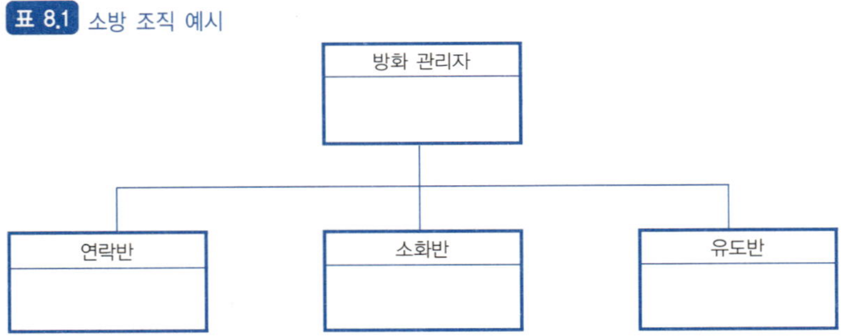

❼ 시설물관리대장

시설물 관리 대장을 통해 행사 구조물(건축물 및 자재)에 대한 안전 점검을 함으로서 사고를 미연에 방지할 수 있다.

표 8.2 시설물 관리 대장 양식

번호	점검 · 진단기간	점검 · 진단기관명	비용(천원)	점검/진단 결과	주요점검 · 진단내용	작성일
	점검 · 진단구분	점검 · 진단 책임기술자	상태등급		조치내용	작성자(인)

⑧ 전기안전검사

행사장 내에 안전한 전기공급을 위해 이용 가능한 전력량을 산출하고 산출자료를 바탕으로 각 존(Zone)별 전력사용계획을 세운다. 식음시설, 및 체험장은 전력사용량이 많다는 것을 고려하여 전력공급 계획을 여유 있게 세우는 것도 필요하다.

① 전기화재의 발생원인

전기화재를 발생 원인별로 보면, 합선(단락)으로 인한 화재가 가장 많으며 이어서 과전류, 누전 등의 순으로 발생되고 있다. 이는 주로 전기 배선 불량과 전열기의 과열, 플러그의 접촉 불량 등에 의해 일어나는 것이다.

화재가 일어난 경우에 화재 발생 부위의 대부분이 연소로 파괴되어 있기 때문에 화저 원인을 정확히 규명하기가 쉽지 않으나, 전기화재가 발생되는 주로 형태는 다음과 같다.

- 전열기·조명 기구 등의 과열로 인한 주위 가연물이 착화되는 경우
- 배선이 과열되어 전선 피복이 착화되는 경우
- 전동기·변압기 등 전기 기기가 과열되는 경우
- 그 외에도 선간 단락·누전·정전기 등에 의해 발화하는 경우
  - 전기화재의 발화원 : 전기화재를 일으키는 주요 기기에는 배선 및 배선 기구, 전열기, 전기 장치, 누전 부분이 있다.
  - 전기화재의 원인 : 단락(단락, short), 누전 또는 지락, 과전류 등을 들 수 있다.
  - 전기화재 방지 대책 : 전기 배선, 옥내 배선(屋內配線), 배선기구(配線器具), 전열기(電熱器) 등을 살펴야 한다.
  - 발화 원인에 대한 대책

② 단락 방지

단락은 적정 용량의 퓨즈나 배선용 차단기(MCCB)를 설치하면 큰 문제는 없으나, 단락 순간 대 전류가 흐를 경우에는 단락점이 용융~단선되며, 그때 발생하는 불꽃으로 절연 피복 또는 그 주위의 가연성 물질에 착화될 우려가 있다.

③ 누전 방지

누전 방지를 위해서는 절연 파괴의 원인이 되는 과열, 습기, 부식 등을 방지하는 것이 가장 중요하며, 충전부와 절연물을 다른 금속체인 건물의 구조재, 수도관, 가스관, 프레임 등과 이격시키는 것도 필요하다.

- 누전 사고가 일어날 수 있는 취약 개소
  - 콘센트·스위치 박스 등의 내부에 있는 배선의 끝부분 또는 전선과 배선 기구의 접촉 부분
  - 전선이 들어가는 금속 전선과의 끝부분
  - 조명 기구 등의 전기 기계·기구의 내부(또는 인출부)에서 전선 피복이 벗겨지거나 절연 테이프가 열화 되어 있는 부분
  - 정원 조명등 등에 전기를 공급하기 위하여 땅 속으로 전선을 묻은 곳
- 누전 사고 방지 대책
  - 습기 등이 있는 장소에 전기를 시설할 경우에는 방습 장치를 하여야 한다.
  - 전선의 접속 부분은 충분한 절연 효력이 있도록 소정의 접속 기구를 사용하거나 테이프를 감는다.
  - 금속관 내에는 전선의 접속점이 없도록 하고, 금속관의 끝부분에는 반드시 부싱을 사용하도록 한다.

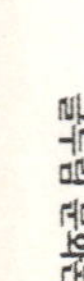

● 과전류 방지

　－문어발식 배선을 금하고, 적정한 퓨즈나 배선용 차단기를 사용한다.

　－스위치 등의 접촉 부분을 항시 점검하여 발열 여부를 확인한다.

　－고장난 전기 기기 또는 누전되는 전기 기기의 사용을 금한다.

　－동일 전선관에 많은 전선을 삽입하는 것을 금한다.

● 접촉 불량 방지 : 전기 공사는 확실하게 시공하여야 함은 물론, 배선이나 기기의 정기적인 점검도 철저히 하여 불량 개소를 없애야 한다.

❾ 배수시설

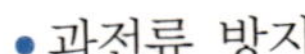

　배수공사는 단기행사의 시설물일 경우 우수맨홀을 통해 배수 시키는 것을 기본으로 하되 식당과 같이 음식물 찌꺼기가 나오는 시설물은 부유물이 나오지 않도록 주지시키며 행사장 내의 철저한 위생관리로 쾌적한 환경이 유지 될 수 있도록 한다.

3. 동원·동선 관리

❶ 전시장 Layout

전시장 Layout은 단순히 주어진 전시공간에다 참가업체의 부스를 배치하는 기술적인 문제가 아니다. 전시품의 특성, 참관객 동선 등 해당 전시회에 맞는 조건을 충족시킬 수 있도록 세심하게 처리하여야 한다. 참관객의 이해를 돕고 효율적으로 전시장 전체를 관람할 수 있도록 전체적인 조화에 많은 신경을 써야 한다.

❷ 공간구성

전시장의 조건은 각 참가업체의 부스 크기, 그리고 전시품의 종류에 영향을 미친다. 전시장의 공간구성이란 정해진 공간 조건 속에서 얼마나 전시품 및 참가업체를 효과적으로 보여주는가의 문제이다. 공간구성은 전시가 펼쳐질 공간에 대한 철저한 사전조사가 선행되어야만 한다.

참가업체 및 전시품의 배치와 함께 전시 관리실, 안내소, 매표서, 프레스센터, VIP 대기실, 의료실, 기념품 판매, 식음료 코너 등에 관한 배치계획도 세워야 한다. 소규모 전시의 경우에야 별 문제가 없지만 대규모로 벌어지는 행사 시에는 관람객의 동선, 편의시설 등의 위치까지 고려한 치밀한 공간계획이 요구된다.

❸ 강제동선

전시를 체계적으로 보여줄 사람이 많이 입장할 경우 관람 흐름이 막혀 안전사고의 위험과 관객의 불만을 살 소지가 있다.

 자유 동선

강제 동선과는 달리 관람 흐름에는 문제가 없으나 전시를 체계적으로 볼 수 없다는 단점이 있다.

4. 거리통제 관리

❶ 차량통제

① 교통통제 예시

- 통제시간 : 4월 18일 09 : 00~13 : 00
- 통제구간 : 코스별 진행방향 편도 통제(중앙선에서 1차로 제외)

  ※ 시내버스 진입허용

  (단, 동도중학교 인근~황금주공아파트 인근 삼거리

  범안삼거리~월드컵경기장 전면통제)
- 통제방법 : 경찰관, 모범운전자, 자원봉사자 배치 차량통제 및 질서유지

❷ 우회도로 안내

구 분	순번	관광권역	교통체증예상지역	우회 도로	안내표지판 설치
계			25개 구간		
서울청 (경기도)	1	동두천-전곡 (한탄강)-연천	의정부~동두천 (12.4Km)	① 서울(국도3)→의정부(국지도86)→광적(지방도368)→봉암리(지방도334)→동두천(국도3) 21.0Km ② 서울(국43)→의정부(국도43)→장승거리(지방334)→동두천(국3) 39km	의정부 지역 등 9개소/18개 장승 사거리 등 7개소/14개

❸ 시내버스 등 대중교통 노선조정

① 버스노선 변경 운행(예시)

　일　　시 : 4월 18일 09 : 00~12 : 30
　조정노선 : 13개노선 (일반 10, 좌석 3)
　시내버스 노선 조정내역 : 붙임 1

❹ 불법 주정차 단속

● 불법 주정차 단속(예시)
　일　　시 : 4월 18일 08 : 30~13 : 00
　주요단속·계도지점 : 마라톤 코스 인도, 승강장, 교차로 등
　계도·단속반

● 주차단속 및 질서계도반 근무요령
　- 대회당일 근무자는 08 : 30분까지 현장에 도착 단속실시
　- 대회 시간 내 차량소통 원활유지 및 불법주차차량 단속 및 견인
　- 불법주차 단속은 대회에 지장이 초래하지 않도록 질서유지 차원에서 우선 계도 후 불응
　　시 단속

구간	배치직원	비고
범어네거리~만촌네거리	송기찬	
황금네거리~범어네거리	김영기	
관계삼거리~동도중학교 인근	김무룡	
황금아파트 인근~황금네거리	문영호	
만촌네거리~월드컵경기장	김종근	

- 운전자가 차에 타고 있는 경우 : 신속히 다른 장소로 이동 조치.
- 운전자가 차내에 없는 경우 : 단속 전 안내 방송 후 운전자가 나타나 지 않을 경우 단속 및 견인조치.
- 견인이 곤란한 대형차량 : 차적 조회 등 운전자에게 연락 이동조치 해당 관할 구청은 불법 주·정차 단속 및 질서계도계획을 수립하여 대회가 원활하게 진행될 수 있도록 지원.

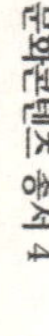

❺ 담당부서연락망구축(관공서)

관련기관(부서)	주요 추진(지원) 업무
시 본청(교통국)	• 교통통제 현수막 제작 및 설치(교통정책과) • 교통통제 시 홈페이지 게재(교통정책과) • 시내버스 노선 조정(대중교통과) • 불법 주·정차 계도 및 단속(교통관리과)
수성구	• 불법 주·정차 집중계도 및 단속 • 교통질서 계도
지방경찰청 (수성경찰서)	• 교통통제 협조 • 마라톤 코스 주요교차로 경찰배치 교통통제, 수신호 작동, 질서유지 등 • 교통대책 전광판 홍보
체육회	• 경찰청(서)과 협의하여 모범운전자·자원봉사자, 마라톤 구간 배치로 교통통제 및 질서유지 • 예산지원(현수막 : 120,000원 × 30개 = 3,600천원) • 입간판 설치 • 버스노선 안내 전단 제작 및 배부

❻ 통제계획서 작성

① 출입자 통제의 정의

"행사장 출입자 통제"라 함은 안전구역 설정권 내에 출입하는 인적·물적 제반 요소에 대한 안전 활동을 말한다.

• 출입요소 : 행사 관련 참석자, 종사자, 상근자 및 반입물품 기동수단 등을 총칭

- 출입통제 : 출입통로 지정, 시차입장, 본인여부 확인, 비표운용, 검문검색, 주차관리 등을 총칭

② 출입자 통제 대책의 방침

- 행사장내 모든 출입요소에 대해서는 인가된 인원의 본인 여부 및 인가차량 여부를 확인하여야 한다.
- 모든 출입요소는 지정된 출입통로를 사용하여야 하며 기타 통로는 폐쇄한다.
- 대규모 행사 시에는 참석 대상별 또는 좌석별 구분에 따라 출입통로 선정 및 시차입장 계획을 수립하여 출입통제가 용이하도록 한다.
- 출입증은 전 참가자에게 운용함을 원칙으로 한다. 단, 행사성격을 고려하여 일부 제한된 행사에 대해서는 지침에 의거 운용하지 않을 수 있다.
- 검색은 금속 탐지기에 의한 방법, 휴대용 금속 탐지기, 육안 및 촉수, 냄새 등 오관에 의한 방법 등을 이용하여 모든 출입요소를 대상으로 실시하고 예외를 불허함을 원칙으로 한다.
- 물품보관소를 운용하여 출입자의 위해 가능 물품 또는 검색 불가 휴대 물품을 보관한다.
- 주차관리는 참석자 등의 불편 최소화 및 입·퇴장 질서 유지 등의 용이성을 고려 적절한 행사장 인접지역을 선정하고 참석대상별로 구분 운용한다.

③ 출입자 통제 업무 수행 절차

출입자 통제 업무는 안전구역 설정권 내에 출입하는 인적·물적 대상에 대하여행사의 성격, 규모, 참가자 수, 행사장 구조, 좌석배치도, 주차관리 등을 파악하고 시차 입장계획, 안내

계획, 비표운용계획, 주차관리계획 등에 대하여 세부적 지칭을 수립하여 임무를 수행하여야 한다

❼ 통제본부운영

① 통제본부운영(예시)

운영일시 : 4월 18일 08 : 30~13 : 30
장   소 : 월드컵경기장 네거리
근 무 자 : 4명 <교통운영담당(총괄), 나채인, 이재식, 박동만>
임   무 : 교통상황 점검 및 긴급 상황 조치.

❽ 통안내 홍보

① 교통안내 홍보(예시)

'서울 하이페스티벌 축제' 로 인해 2005. 7. 10~7. 12일까지 시청 앞 진입로 차량진입 전면 금지 및 시내에서 서울역방향 편도 4차로를 3차로로 축소됩니다.
다소 불편하시더라도 신속하게 작업이 마무리 될 수 있도록 적극 협조하여 주시기 바랍니다.

<차량전면 진입금지>
위 치 : 시청 앞

통제기간 : 2005. 7. 10~7. 12(3일간)
우회도로 안내

<차로축소>

위 치 : 서울역 방향 진입로(서울역 방향)

차로축소 : 편도 4차로 3차로

기 간 : 2002. 7. 10~7. 12

5. 보고 정산

　행사를 수행하고 나서 행사에 대한 결과물을 보고하는 형식으로 행사 전에 제안한 사항들과 행사 후를 비교해서 결과보고서로 제출한다. 이 보고서는 사진과 설문조사를 통한 통계자료를 이용해서 결론을 도출하여 다음 행사를 위한 문제점과 향후 제언을 함으로써 향후 더 발전된 형태의 행사를 제안하기 위함이다. 또한 행사를 수행하는데 사용했던 지출내역에 대한 세부 사용 내역들에 대해 충분한 기록과 영수증 관리로 행사가 끝난 후 정산하는데 있어서 부족함이 없도록 한다.

6. 국제 사업

　조직위원회에서 행사 관련 협회 및 단체를 방문하여 행사를 설명하거나 여행업체에서 한국여행상품 개발 시 옵션으로 당 행사 상품을 검토하거나 여행단 모집을 권고한다.

　또한 행사 당해 연도의 홍보방문보다는 행사 추진 전년도에 지속적인 자료제공을 하는 한편 한국관광공사의 해외 언론활용 시 수시로 기사화하도록 유도하고 연계 관광코스를 개발하는 등 장기적인 계획에 의거, 지속적으로 이루어지게 관리 한다. 또한 외국 투자자 유치를 위한 PR, 마케팅력 제공을 위한 노력을 게을리 하지 않고 당 행사나 컨벤션 박람회로 하여금 외국과의 관계 개선 노력에 힘쓴다.

7. 목표·목적 관리

　행사를 기획함에 있어 클라이언트에게 에이전시가 제안한 목표와 목적이 행사 전후를 비교해서 어떻게 수립되었는지 확인한다. 성공한 축제나 행사는 계획했던 목표와 목적이 행사 후 결과와 잘 맞아 떨어졌을 때 그 지역이 활성화 된다. 이에 따른 명확한 평가기준을 수립하여 관련업체 유치 등 산업 활성화를 통한 지역경제 및 신규 고용창출을 위한 창업지원, 보육 효과와 투자유치 현황을 토대로 결과를 낸다.

8. 기타

❶ 구급상자 준비

행사장에 꼭 필요한 약과 기구를 항시 정비하여 갖추어 놓는 것은 매우 중요하다. 아래에 언급되는 구급 품목은 아주 기본적인 것이다. 행사의 규모 및 특성 등에 따라 구급 품목 및 수량을 충분히 준비해야 된다.

- 구급상자
- 응급처치 법 책자
- 작은 여행용 티슈
- 가위
- 핀셋
- 작은 플래시
- 호루라기
- 체온계, 어린이용 항문용 체온계
- 얼음주머니
- 스푼(용량을 알 수 있는)
- 소독용 바늘
- 비닐봉지(버릴 때 쓸 수 있는 것)
- 일회용 장갑들

- 종이컵
- 성냥
- 면도칼
- 설압자
- 소독된 거즈
- 소독된 붕대
- 일회용 반창고(일회용밴드)
- 반창고
- 소독된 솜
- 소독된 면봉
- 소독약(알코올, 베타딘 용액, 과산화수소 등)
- 항생제 연고
- 칼라민 로숀
- 물파스 및 파스
- 바셀린 연고
- 소화제
- 해열진통제(아스피린, 타이레놀 등)
- 어린이용 관장용 해열제
- 지사제

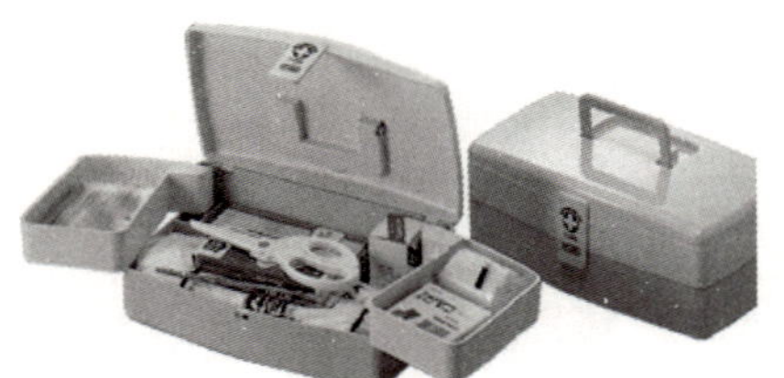

- 변비약
- 기침약
- 감기약
- 항히스타민제(알레르기 반응 시)
- 항생제
- 멀미약

❷ 후송수단의 수배

① 사고처리 흐름도

안전 사고발생→의무 담당자 연락→응급처치→병원 후송

② 업무 진행

- 일시적인 증상 완화를 위한 1회 투약, 처치를 원칙으로 한다.
- 중상이나 응급환자 발생시, 병원 후송 전 단계에서 응급처치를 실시한 후 후송시킨다.
- 2시간 이상의 안정이 필요한 경우 귀가 시킨다.

③ 상비약품 내용

준비된 구급약품에 의거

- 경구약 : 소화제, 해열진통제, 지사제
- 외용약 : 안연고, 화상, 절상, 타박상, 기타 외상에 대한 소독

④ 후송 지정병원

- 후송 시 진료의뢰서를 동반하여 후송함
- 후송 수단은 행사차량을 원칙으로 하되, 경우에 따라 각 지역 의료원 및 가까운 병원의 응급 차량을 호출한다.

❸ 응급조치 숙지

① 응급조치

응급조치(First Aid)란 다친 사람이나 급성질환자에게 사고 현장에서 즉시 조치를 취하는 것을 말한다. 이는 보다 나은 병원치료를 받을 때까지 일시적으로 도와주는 것일 뿐 아니라, 적절한 조치로 회복 상태에 이르도록 하는 것을 포함한다. 예를 들면 급한 상황에서 전문적인 치료를 받을 수 있도록 119에 연락하는 것부터 부상이나 질병을 의학적 처치 없이도 회복될 수 있도록 도와주는 행위도 포함된다. 이에 따라서 사람의 삶과 죽음이 좌우되기도 하며, 회복기간이 단축되기도 한다. 또한 의학적 치료 여부에 따라 장애가 일시적이거나, 영구적일 수도 있다. 응급처치는 일반적으로 타인에게 실시하는 것이지만 상대가 본인이나 가족인 경우는 곧 자신을 위한 일이 된다. 이처럼 응급상황을 인지하고 처치할 줄 안다면 삶의 질을 향상

시킬 수 있다. 문제는 응급상황을 인지하지 못하여 기본 증상조차 파악하지 못하는 경우가 생각보다 많다는 것이다. 예를 들면 심장마비 증세가 나타났는데도 상태를 파악하지 못하고 시간을 허비하다가 병원으로 옮겨지기도 한다. 또한 많은 사람들이 응급처치 방법을 모르고 있으며 비록 교육을 통해 응급처치 방법을 아는 사람들이라도 실제 응급상황에 접하게 되었을 때는 크게 당황하게 되는 것이 사실이다. 그러므로 침착하게 응급상황을 파악하는 것이 매우 중요하다.

'응급조치'는 일상생활에서 발생할 수 있는 1분 1초를 다투는 긴박한 상황에서 사용되는 하나의 '생명보험'이다. 잘 알려진 바와 같이 사람은 심장마비 후 4분 이내에 아무런 조치를 취하지 않는다면 그것은 곧 '죽음'을 의미할 수 있다. 이처럼 응급상황에 대처하는 처치자의 신속, 정확한 행동 여부에 따라서 부상자의 삶과 죽음이 좌우되기도 한다. 행사진행 과정에서 발생할 수 있는 각종 위험요소를 사전에 제거, 관리하는 것도 중요하지만 만일에 일어날 수 있는 각종 사고에 대해 응급조치를 숙지, 훈련함으로서 큰 사고를 미연에 방지할 수 있다.

❹ 안전요원 배치

안전 요원은 자신들이 비상시 눈에 띄게 하기 위해서 독특한 의상을 착용해야 된다.

① 임무 교대 및 임무구성

임무 교대의 기간 및 구성은 행사담당자에 의한 세심한 고려를 필요로 하는데, 이들은 최대 감독기간, 근무일자의 기간, 그리고 근무를 계획한 근무시간들을 고려해야 된다.

안전요원에 의해 필요한 높은 수준의 경계와 집중력을 유지하기 위하여 임무 교대 기간을 결정할 때에는 다음의 요인들에 대해 허용한계를 설정해야 한다.

- 시력, 청력 혹은 집중력에 영향을 미치는 특징 고려
- 부적절한 조명
- 현휘 및 반사
- 음향처리 불량
- 부적정 환기시스템
- 과도한 높은 온도와 습도, 개발된 행사장에서의 뜨거운 태양열
- 기타 위험 요인

❺ 위험 표시

주의 색	의미 또는 목적	사용보기
빨강	방화	방화표시, 배관계 식별 소화 표지
	금지	금지 표시
	정지	긴급 정지 버튼, 정지 신호
	고도 위험	화약 경고 표, 발파 경고 표, 화약류 표시
주황	위험	위험 표지, 스위치 박스 뚜껑 안쪽 면, 기계의 안전 커버 안쪽 면, 노출 기어의 옆면, 눈금판의 위험 범위
	항해, 항공의 보안시설	구명보트, 구명구, 구명대, 수로 표지, 비행장용 구급차, 비행장용 연료 차
노랑	주의	주의, 경고 표지

주의 색	의미 또는 목적	사용보기
녹색	안전	안전 지도 표지 및 안전기
	피난	유도 포지 비상 출구 방향을 나타내는 표지, 대피소 위치를 나타내는 표지 및 대피소 등의 방향을 나타내는 표지
	위생, 구호, 보호	위생 지도 표지, 노동 위생기, 구호 표지, 보호구 상자, 들것, 구급상자, 상자 구호소의 위치 및 방향을 나타내는 표지
	진행	통행 신호기
갈색	관광지 및 관광 관련 시설	관광대상이나 관광 이용 시설을 나타내는 표지

❻ 출입금지구역 표시

그림 8.3 금지구역표시

❼ 호루라기 등 위험방지 도구 확보

그림 8.4 금지구역표시

참고문헌

김동혁(2000), 「관광과 축제이벤트론」, 신지서원.

김민주(2005), 「컬덕시대의 문화마케팅」, 미래의 창.

김명자(1995), "지역축제의 방향을 위한 시론", 「비교민속학」, 비교민속학회.

김명자(1986), "민의 본질과 연구의 필요성", 「서연범박사회갑기념논문집」, 경희대학교 국문과.

김미선(1999), "지역축제의 홍보 전략에 관한 연구", 경희대학교대학원 석사학위논문.

김선풍 외(2000), 「한국 축제의 이론과 현장」, 월인.

김승현(2000), 「축제만들기」, 열린책들.

김시중(1998), 「위기 속의 찬스 네트워크 마케팅」, 용안미디어.

김시중(1998), 「네트워크 마케팅 성공전략」, 용안미디어.

김정훈(2002), "문화관광축제 웹사이트 활성화방안", 「문화관광연구」.

김택규(1985), 「한국농경세시 연구」, 영남대 출판부.

김현용(2001), "生態觀光側面에서의 地域祝祭 活性化方案에 관한 硏究", 한양대학교대학원 석사학위논문.

김훈철·장영렬(2005), 「5분 마케팅」.

나혁주(2001), "全羅南道 地域祝祭의 活性化 方案", 호남대학교대학원 석사학위논문.

문화관광부(2001), 「한국의 지역축제1」.

문화관광부 홈페이지(2002), http://www.mct.go.kr

박상수(1996), "지역축제와 이벤트", 「지방행정」.

박진영(1999), "중요도－성취도 분석을 이용한 지역축제 개선방안에 관한 연구", 명지대학교대학원 석사학위논문.

박철·손해식(1998), "지역문화축제에 대한 의례분석적 접근과 관광상품화 전략", 「관광학연구」, 한국관광학회.

백남천(2001),, 「축제로의 여행」, 성하출판.

보니타 M. 콜브(2004), 「문화예술기관의 마케팅」.

송용섭(1998), 「마케팅」, 문영사.

아오키 유키히로 외(1999), 「전략적 브랜드관리의 이론과 사례」, 21세기북스

안광호 외(1999), 「전략적 브랜드 관리」, 학현사.

안광호(1988), 「마케팅원론」, 학현사.

안석근(1990), 「산업사회 도시축제의 기능에 관한 연구」, 중앙대학교대학원, 석사학위청구논문.

안종배(2004), 「나비효과 디지털마케팅」, 미래의 창.

오순환(1999), "지역축제의 실제와 경제적 효과", 「관광학 연구」.

울리히 쿤 하인 편/심희섭 역(2001), 「유럽의 축제」, 컬처라인.

유국렬(2000), "地域祝祭의 改善点과 各 主體간 役割에 관한 硏究", 忠北大學校대학원 석사학위논문.

윤정순(2001), "지역축제 활성화 방안에 관한 연구", 충북대학교 대학원, 석사학위논문.

이경희(2000), "지역축제 상점가의 참가동기 및 만족도에 관한 연구", 세종대학교대학원 석사학위논문.

이규수(1999), "地域祝祭의 類型別 特性分析에 關한 硏究", 公州大學校대학원 석사학위논문.

이봉훈(1997), 「이벤트 교과서」, 계백출판사.

이상일(1996), "대동놀이와 추계", 「놀이문화와 축제」, 성균관대학교 출판부.

이상일(1986), 「축제와 마당극」, 조선일보사.

이상일(1998), 「축제의 정신」, 성균관대학교출판부.

이송미(1999), 「한국의 축제」, 성하출판.

오영섭(1999), "地域祝祭 活性化를 통한 文化觀光振興에 관한 硏究", 延世大學校대학원 석사학위논문, 1999.

이은봉(1982), 「놀이와 축제」, 도서출판 주류.

이장주(1997), 「지역축제의 이미지 측정척도 개발과 적용에 관한 연구」, 경기대학교 대학원, 박사학위
    논문.

이종인(2000), "지역축제 활성화 방안에 관한 연구 – 수원화성문화제", 단국대학교 석사학위논문.

이종규(2002), 「서울시 문화관광상품 마케팅 방안」 서울시정개발연구원.

이중구(1996), 「한국적 놀이문화공간의 개념모형 설정에 관한 연구」, 경기대학교 대학원, 박사학위청구
    논문, 1996.

이창호(2001), "지역축제 참여동기에 관한 연구 – 건양 청자문화제를 중심으로", 목포대학교대학원, 석
　　　사학위논문.
이흥재 외(1995), 「춘천인형극제의 지역경제·사회문화적 효과」, 한국문화정책연구원.
임관혁(2001), "지역축제의 관광상품화 방안에 관한 연구 – 삼척 죽서문화제를 중심으로", 경기대학교
　　　석사학위논문.
장 뒤비뇨 저/류정아 역(1998), 「축제와 문명」, 한길사.
장은주(1996), 「지방자치단체와 이벤트사업 활성화 방안」, 한국지방행정연구원.
전성환(2003), 「공연 기획」, 예영커뮤니케이션.
정강환(1999), 「이벤트관광전략(축제와 지역활성화)」, 일신사.
정강환(1996), 「지역축제 발전방향, 축제의 관광상품과 전략」, 일신사.
정송재(2000), "지역축제의 관광 활성화 방안", 계명대학교대학원 석사학위논문.
정경훈(2002), 「문화이벤트 연출론」, 대왕사.
잭트라우트(2002), 「빅브랜드 성공의 조건」, 오늘의 책.
최종학(1998), 「전략적 마케팅의 기초이론」, 한올출판사.
채서일(1998), 「마케팅조사론」, 학현사.
테오도르 레비트(1994), 「마케팅 상상력」, 21세기북스
호이징하, 김윤수 역(1993), 「호모 루덴스」, 까치.
히라노 아키오미(2002), 「이벤트 플래닝 핸드북」, 한울아카데미.
평창군(1999), 「평창군 통합 매뉴얼」.
한국관광공사(2002), http://www.knto.or.kr
한국관광연구원(2002), http://www.ktri.re.kr
Al Lies & Laura Lies(1999), 「브랜딩 불편의 법칙 22」, (주)예하출판.
Al Lies & Laura Lies(2000), 「알 리스의 인터넷 브랜딩 : 11가지 불편의 법칙」, 김영사.
Bernd H. Schmitt(2002), 「체험마케팅(Experiential marketing)」, 세종서적.

Eric Joachimsthaler, David A. Aaker 외(2000), 「브랜드 경영」, 21세기북스

SMG(1998), 「마케팅 기본법칙」, 한국언론자료간행회.

Wang, P. Gintelson R.(1984), *Economic Limitation of Festival and Other Hallmark Issue*, Journal of Travel Research.